ARCHIVES DES LETTRES MODERNES

237

JACQUELINE MICHEL

"Le Pays sans nom"

Dhôtel - Supervielle - Schehadé

PARIS — LETTRES MODERNES — 1989

SIGLES

L'étude portera particulièrement sur les œuvres suivantes :

ANDRÉ DHÔTEL

NP *Nulle part* (Paris, Pierre Horay, 1956)
HF *Histoire d'un fonctionnaire* (Paris, Gallimard, 1984)
S *Un Soir...* (Paris, Gallimard, 1977)

JULES SUPERVIELLE : Contes réunis sous le titre *L'Enfant de la haute mer* (Paris, Gallimard, « Folio », 1958).

BC « Les Boiteux du ciel »
EM « L'Enfant de la haute mer »
IS « L'Inconnue de la Seine »
JV « La Jeune fille à la voix de violon »
PM « La Piste et la mare »
R « Rani »
SC « Les Suites d'une course »

GEORGES SCHEHADÉ :

P *Les Poésies* comprenant : « Poésies I-II-III » et « Si tu rencontres un ramier » (Paris, Gallimard, « Poésie », 1969)
NA *Le Nageur d'un seul amour* comprenant : « Poésies V » et « Le Nageur d'un seul amour » (Paris, Gallimard, 1985)

À l'intérieur d'un même paragraphe, les séries continues de références à une même source sont allégées du sigle commun initial et réduites à la seule numérotation; par ailleurs les références consécutives identiques ne sont pas répétées à l'intérieur de ce paragraphe.

Toute citation formellement textuelle (avec sa référence) se présente soit hors texte, en caractère romain compact, soit dans le corps du texte en *italique* entre guillemets, les soulignés du texte d'origine étant rendus par l'alternance romain/*italique*; mais seuls les mots en PETITES CAPITALES y sont soulignés par l'auteur de l'étude. Le signe * devant une séquence atteste l'écart typographique (*italiques* isolées du contexte non cité, PETITES CAPITALES propres au texte cité, interférences possibles avec des sigles de l'étude) ou donne une redistribution *|entre deux barres verticales| d'une forme de texte non avérée, soit à l'état typographique (calligrammes, rébus, montage, découpage, dialogues de films, émissions radiophoniques...), soit à l'état manuscrit (forme en attente, alternative, options non résolues...).

PRODUIT EN FRANCE
ISBN 2-256-90430-X

« Pour aborder les œuvres d'art rien n'est pire que la critique. L'amour seul peut les saisir, les garder, être juste envers elles. »
R.M. RILKE (p. 113[1])

DANS une lettre à Jacques Rivière datée du 15 décembre 1906, Alain-Fournier, donnant quelques-unes de ses impressions sur le Salon d'Automne, laissait deviner son attirance pour la peinture de Gauguin, particulièrement pour des toiles où du geste le plus humble, le plus humain, se dessine la naissance du merveilleux : « *Je pense* », écrivait-il, « *à ces extraordinaires Indiens, Tahitiens, courbés comme des arcs sur leurs chevaux qui, du bout du sabot, font, à la rivière, une écume frangée de vitrail.* » (p. 420[2]).

Les termes de ce raccourci descriptif par lequel Alain-Fournier cherche à fixer le souvenir d'une émotion ressentie devant un tableau — on pourrait penser à celui du *Cheval blanc*[3] — trahissent la force du retentissement en lui, de l'expression d'une irréalité imbriquée dans le réel le plus concret. Ils trahissent également une tentation de l'altérité, ou plus exactement du Divers dans le sens où l'entendait Victor Segalen[4].

Ces termes en effet, retiennent le geste, l'attitude tout empreints d'un naturel primitif exprimant la vie simple et pourtant étrange, capable de féerie. Ils évoquent un espace où se développe le paradoxe de l'éloignement et de la proximité, où deux mondes se rejoignent et se compénètrent : le banal et l'étonnant. Ils mettent en relief les jeux évanescents d'une effervescence lumineuse que des êtres — des cavaliers et leurs montures modelés dans une secrète beauté — détachent de quelque profondeur insoupçonnée. L'« *écume frangée de vitrail* » (p. 420[2]) émanant d'un familier rendu lointain, semble offrir l'esquisse métaphorique d'une réalité autre qu'Alain-Fournier pressentait « *en écartant le feuillage profond* » (p. 139[5]) de son pays familier; présence du Divers, d'un pays autre qu'aucun désignateur ne pourrait circonscrire, qu'aucun nom ne pourrait résumer, et qu'il ne faudrait certainement pas enfermer dans l'image du domaine perdu découvert par le Grand Meaulnes.

Quand Alain-Fournier pensait donner comme titre à son roman encore à peine ébauché, "*Le Pays sans nom*" (p. 252[5]), sans doute répondait-il à un désir d'écriture fondé sur une quête passionnée et exigeante de la Pureté, dans laquelle s'était enchâssé le souvenir ardent de la rencontre avec Yvonne de Quiévrecourt; sans doute cédait-il à l'emprise d'une vision intérieure s'affirmant en s'échappant au-delà des mots qui auraient voulu la décrire; une vision qu'il traduisait comme étant celle « *du monde mort et vivant mêlé à l'ardeur de* [*son*] *cœur* » (p. 92[6]), où se formait secrètement sa poésie du monde. Il n'est guère étonnant qu'Alain-Fournier ait par la suite écarté l'expression « Le Pays sans nom »; elle ne pouvait avoir valeur de titre pour un roman, car elle faisait signe à cette réalité autre mêlée, pétrie avec le quotidien, avec la banale réalité, mais qui devrait surgir directement d'un excès de poésie sans aucun recours à l'intrigue fictionnelle[7].

De fait, on ne raconte pas l'histoire du *Pays sans nom*, mais seulement son vertige, si l'on peut s'exprimer ainsi, au creux du pays de tout le monde. Le titre définitif de l'unique roman d'Alain-Fournier allait alors s'imposer de lui-même : le nom de celui qui demeure dans la quête — *Le Grand Meaulnes* —, de celui qui est pris par le vertige du Pays sans nom, et qui s'acharne à vouloir en trouver le secret, à extraire du réel une « *écume frangée de vitrail* » (p. 420[2]); le nom d'un chercheur d'or, figure aussi fascinante que désespérante du Poète : « *Au tournant du chemin, il vous montrera du doigt en souriant le Beau Domaine Perdu qu'on a jamais vu qu'en rêve.* » (p. 181[6]) et ce ne sera que simple décor imaginé pour ce qui demeure sans lieu, sans nom.

Le vertige du Pays sans nom, tel qu'Alain-Fournier l'aurait ressenti, implique la hantise de la clé du passage, dans le paysage réel, ce quotidien à vivre, vers le « *rivage où toutes choses sont vues dans leur secrète beauté* » (p. 431[2]). Mais ce rivage quêté avec avidité et angoisse dans la plus banale réalité, serait-il tentation de l'*autre vie*? À cette question, Alain-Fournier répond en s'interrogeant sur le terme *autre vie*, et le sens à lui attribuer : « *Peut-être l'autre vie c'est celle-ci* [la vie actuelle] *que je ne sais pas assez essentiellement sentir et voir* » (p. 416[2]). Et quelques années plus tard, alors qu'il travaille avec ardeur à son *Grand Meaulnes*, Alain-Fournier écrit à Jacques Rivière : « *Je cherche la clé de ces évasions vers les pays désirés — et c'est peut-être la mort, après tout.* » (p. 303[5]). Le vertige du Pays sans nom ne serait-il pas alors celui du seuil redouté entre la vie et la mort? celui d'un passage que le narrateur d'un chercheur d'or nommé Le Grand Meaulnes, tente de mettre en image : « [...] *on l'aperçoit comme une longue avenue sombre dont la sortie est un rond de lumière tout petit.* » (p. 146[8]).

Le Pays sans nom d'Alain-Fournier s'appréhenderait-il, en définitive, par l'image de ce rond de lumière tout petit, *point* redouté et convoité par l'écriture, où Beauté et Mort confondent leurs secrets, leur Mystère? Or, le fait d'avoir été amené à formuler cette question, signifierait que le Pays sans nom ne constitue ni un thème ni un motif dans l'œuvre, mais qu'il fonde l'orientation et la destination d'un acte d'écriture poétique spécifique. C'est précisément ce que nous avons ressenti en pénétrant et en cheminant dans l'univers des romans d'André Dhôtel, ou dans celui des contes de Supervielle, ou encore dans celui des Poésies de Georges Schehadé. Il n'est certes pas question de vouloir se livrer à quelque téméraire comparaison entre ces auteurs. Chacun d'eux, par son œuvre, répond aux impératifs d'une démarche poétique qui lui est essentielle et donc unique ; chacun d'eux possède un « sol d'écriture » qui lui est propre, marqué d'une forte originalité. Notre choix a été en fait, motivé par une attirance pour des œuvres modelées par une qualité de recueillement de l'écriture dans ce qui ne cesse de la dépasser ; des œuvres mues par ce qui nous est apparu comme une postulation vers un Pays sans nom d'une « veine » qui pourrait ne pas être étrangère à celle du Pays sans nom d'Alain-Fournier, tout du moins tel que nous avons cru le surprendre ou le deviner dans la correspondance avec Jacques Rivière.

Que ce soit les Ardennes de Dhôtel, la Pampa de Supervielle, ou le Liban de Schehadé, un pays réel rayonne et se sublime dans l'imaginaire du poète ; il façonne pour ainsi dire, les signes d'un dépassement de sa réalité quotidienne. Car ce pays est loin d'être innocent et ouvertement déchiffrable : il fascine et désoriente celui qui le pénètre. Supprimant brutalement dans des moments imprévisibles et fugitifs, toute frontière entre le réel et l'irréel, il *se dépayse* au sens littéral du terme. Sous ses apparences rassurantes de « terroir » qu'il prend parfois, il fomente les charmes et les menaces de quelque lieu fabuleux ; il « respire » oserait-on dire, un besoin de merveilleux et de fantastique, de miracle humain, et porte en lui le désir des contes.

Dans ses Ardennes, Dhôtel poursuit les traces d'une beauté qui tout en étant dans notre monde, vient d'ailleurs[9]. La Pampa de son enfance que Supervielle entretient en lui, est ce pays où « *chavirent et s'entr'ouvrent les lointains* »[10] ; un pays qui fait dériver le regard que le poète pose sur d'autres paysages.

N'en est-il pas ainsi du boulevard Lannes à Paris qu'il *voit* se déployer au sein des grands espaces qui se déchirent, au milieu d'une « *bataille des vertiges* » (p. 101[10])? Quant à l'Orient de Schehadé, il doit se comprendre comme étant celui de la grande Bible des pierres refermée sur son dessein, et de l'énigmatique luxuriance des jardins; c'est l'Orient du cœur et de l'imaginaire comme le faisait remarquer Gaëtan Picon[11].

Voir se tramer, grandir au sein d'un roman de Dhôtel, d'un conte de Supervielle, d'un poème de Schehadé, l'ombre d'un Pays sans nom, sera l'enjeu de notre étude. Il ne s'agira pas tant d'interroger l'œuvre, que de se tenir attentif aux signes d'une tentation qui l'*irrigue*; que de recueillir la voix (mais aussi la voie) profonde, fondamentale à laquelle répond le texte. Lire n'est-ce pas d'une certaine façon épouser les mouvements du texte, en suivre aussi bien la route que les chemins de traverse, l'accompagner, rêver, divaguer avec lui et... le prolonger? Entrons donc, dans trois lectures, trois questionnements d'un Pays sans nom à *tenter* dans les deux acceptions du terme...

I

ANDRÉ DHÔTEL ET LE QUOTIDIEN ÉCLATÉ

NULLE PART... Histoire d'un fonctionnaire... deux maillons de la longue chaîne de récits que constitue l'œuvre considérable d'André Dhôtel. Ces deux maillons, très distants l'un de l'autre dans le temps puisqu'une trentaine d'années sépare leur parution, nous les avons détachés pour une lecture placée sous le signe de la tentation d'un Pays sans nom.

Notre choix a été déterminé par le sentiment que ces deux romans reliés par-delà le temps, mettent en relief une poésie du vagabondage et de l'énigme qui, nettement esquissée dans *Nulle part*, prend toute sa dimension de quête, de poursuite d'un « Graal », dans *Histoire d'un fonctionnaire*, en même temps que s'affirme une forme brisée du déroulement du récit. On constate, en effet, que l'aventure progresse au rythme d'instants privilégiés, totalement imprévisibles, aimantés par un sens obscur qu'il serait vain de vouloir circonscrire.

Les dernières lignes de *Nulle part* faisant signe à la virtualité de l'*éblouissement* sur les routes les plus banales, pourraient fort bien servir à composer une épigraphe à *Histoire d'un fonctionnaire*, qui se présenterait en ces termes : « *À la fois toutes les chances et aucune chance sur ces routes vides ! Mais on peut toujours être ébloui...* »[12], être ébloui par quelque signe, quelque indice d'un Beau Domaine Perdu « qu'on a jamais vu qu'en rêve »...

distances

Faire une lecture d'André Dhôtel c'est accepter, d'entrée de jeu, d'inscrire son regard dans celui que le narrateur prête à son héros : un regard d'attente et d'attention qui s'avère le gouvernail de tout cheminement à travers le récit. Faire une lecture d'André Dhôtel c'est de plus, accepter de croire qu'« *il suffit de regarder pour changer l'ordinaire en merveilleux* » (p. 677[13]), comme le faisait remarquer Valéry mettant ainsi l'accent sur les virtualités créatrices d'un regard qui se prend à son propre jeu; une réflexion qui, à n'en pas douter, obtiendrait l'assentiment d'André Dhôtel.

Il suffit de *regarder*... de poser ce regard d'attente accordé à l'imprévu, à l'impossible du réel; de *pratiquer* un regard très différent de celui qui explore ou prend possession d'un horizon, puisqu'il s'agit de se recueillir dans un tête-à-tête avec la profondeur d'une distance que ménage et filtre une certaine fenêtre : « *Il faut* [...] *avoir planté ou imaginé une fenêtre qui s'ouvre sur un extérieur situé encore au-delà de ce qu'il y a devant soi, au-delà de cette lande dont soudain on sait qu'elle n'est rien.* » (p. 42[14]). Or, cette fenêtre qui donne sur la distance, et non sur un paysage limité, défini, il faut apprendre à l'ouvrir en dedans et en dehors de soi-même, ou plus exactement à l'entr'ouvrir, à pratiquer une fissure qui dirige le regard vers un point de fuite :

> Il faut un soin, une attention extrême pour rabattre les volets et tirer à soi les montants de la fenêtre en respectant la subtilité d'une familière ouverture, qui ne doit vous révéler qu'une infime perspective de l'univers mais d'autant plus vivante en son essentielle dérobade. (p. 43[14])

Se trouve ainsi ménagée une faille verticale qui, obligeant le regard à se canaliser, à s'intensifier en elle, détermine dans la distance un mouvement apparent vers un point sensible : « *Par cette fenêtre il y avait soudain un* REGARD IMPRÉVU. » (p. 41[14]).

Le regard imprévu coïnciderait avec une qualité de vision inscrite dans le tréfonds de l'être. Il engendre un mode d'être au réel et particulièrement au paysage familier ou banal, qui serait en quelque sorte la « logique imprévue » — pour reprendre l'expression rimbaldienne — propre à André Dhôtel. Au travers de cette fenêtre d'accommodation du regard à la distance, on entre dans une nouvelle relation avec l'ordinaire qui peut à tout moment se transformer en un spectacle éclaté, si ce n'est que par « *la lumière et l'azur qui semblent voués à d'incroyables révélations* » (« La Route de Montréal » ; *S*, 132). Au réel, on imagine des lointains inappréciables (« Un Conte d'hiver » ; *S*, 74) ; on se laisse fasciner par une « *étrange fissure de ciel bleu* » (« La Route de Montréal » ; *S*, 132), on rêve... parce qu'il peut toujours y avoir quelque impossible oiseau à distinguer.

Il en résulte que la « fenêtre plantée ou imaginée » qui ne révèle qu'un filet de perspective, mais éminemment actif « en son essentielle dérobade », installe dans le récit, un type de description dynamique qui n'expose pas, qui ne fait pas tableau, mais qui est événement. En effet la fenêtre vouée au *regard imprévu*, n'a rien à voir avec une fenêtre ouverte qui servirait de cadre fixe à un paysage, s'offrant pour une description-tableau qui suspendrait le cours du récit pour un moment. La « fenêtre plantée ou imaginée » que propose Dhôtel à son lecteur, pourrait être considérée comme la représentation emblématique d'un stratagème au service d'une séduction ; au service de la suggestion d'un instant enchanté où se révélerait une vérité détenue par les espaces, et plus précisément par la profondeur d'une distance jouant comme la trace d'un voyage aimanté. Ainsi la description dynamique qui s'insère dans le mouvement du récit, témoigne d'une structure de l'appareillage pour une quête d'un impossible réel; et cet appareillage ne serait rien d'autre que le *regard imprévu.*

Dès les premiers chapitres de *Nulle part*, une fenêtre obstruée par une grande cage à oiseaux oblige le héros à regarder à travers les barreaux serrés, et à être en quelque sorte pris en charge par une distance qui le *tire* plus loin, « *par-dessus des toits et plus loin* [...] *une étendue considérable* » (*NP*, 45), une étendue considérable qui s'organise en distances, « *une plaine parcourue par les longues allées rectilignes des routes, du canal et du chemin de fer* ». Il semblerait que le discours descriptif, en ce début de récit, étale sous les yeux du lecteur, une page démesurée d'un cahier d'écolier aux lignes différemment accentuées; une page qui offre au regard du héros — figure de l'auteur implicite — un guide sûr pour l'aventure à faire exister, à écrire. La « fenêtre plantée ou imaginée » assurerait donc la force d'impact d'un rectiligne de « l'apparaître ». Elle conjugue le tracé d'une droite avec l'indéfiniment éloigné sur lequel devrait se situer le point sensible de l'événement. Pour Jacques, le héros de *Nulle part*, la rue bien tracée, filtrée dans un mince entrebâillement de fenêtre, « *se présentait comme un guide sûr vers des lieux sans doute plus curieux encore que des forêts* » (48).

Alors que s'amorce l'aventure du récit, le souvenir fugitif d'un site, somme toute assez banal, se trouve mentionné. Il s'agit d'un canal qui étend au loin ses eaux étroites, dessinant une perspective de talus et de lumières. Mais ce paysage nous est livré comme un tracé essentiel, une géométrie nécessaire à l'aventure du héros, et par là même à l'écriture du récit. Dans l'évocation de ce souvenir, il est intéressant de remarquer que le rectiligne s'allie à une perspective fuyante, constituant une image qui s'avérera récurrente dans le procès du récit, et qui plus est, jouera le rôle d'un signal d'orientation vers un événement, c'est-à-dire vers une manifestation du Divers. De ce point de vue, il n'est certes pas indifférent que sur les lignes droites des rives du canal, Jacques découvre des fleurs inconnues qui le séduisent, « *aussi inconnues que si ç'avait été des fleurs chinoises* » (*NP*, 53).

La voie rectiligne, sorte de flèche piégée, désarçonne le concret, s'affirme en tant qu'orientation pour une féerie : telle la grande route droite dominant un territoire étendu où les phares d'autos donnent un ballet de lumières, suspendant les réalités entre ciel et terre (*NP*, 61) ; tel encore ce chemin de halage et l'enchantement engendré par les lignes du talus qui remontent vers l'intérieur des terres indéfiniment (144). Et dans *Histoire d'un fonctionnaire*, n'est-il pas significatif que la maison d'Anselme — centre de gravité du récit et de sa magie — apparaisse après une série de tournants, à l'extrémité d'une ligne droite, « *une remarquable allée de hêtres* » (*HF*, 46).

Toutes ces voies droites offrent une perspective imprévue et saisissante ; toutes ces distances se profilent dans le texte comme autant de quais d'embarquement pour l'écriture d'un merveilleux ou d'un fantastique, affirmant la présence d'un *pays de lumière*, très loin, au bout de la voie (« Auberges » ; *S*, 180). On aimerait rappeler à ce sujet, deux des nouvelles dernièrement écrites par Dhôtel, dont les titres sont en eux-mêmes parlants : « La Grande allée » et « La Route ». Pour la première, l'aventure se greffe sur une « trouée » longue et droite où le héros connaît l'émerveillement[15] ; pour la seconde, une route se raconte, « *parfaitement commode et toute droite* » (p. 3[16]) mais « *ahurissante* » (p. 11[16]). Le héros de *Nulle part* comme celui de *Histoire d'un fonctionnaire* appartiennent à la même famille que les personnages des deux nouvelles : ce sont des passionnés de la distance à laquelle ils ont l'art d'accommoder leur regard ; ils savent *s'enchanter* de voir s'allonger une route qui s'ouvre « *sur une étendue improbable et mer-*

veilleuse », sur un « *espace inconcevable* » (p. 311[16]).

Les distances propres à rêver, attachées au tracé rectiligne, dessinent dans le procès du récit, le motif d'un vagabondage guidé par le quotidien monotone, tout en étant livré aux pouvoirs de ce qui est autre, aux sortilèges du Divers. Ce vagabondage fondé sur un constraste accentué, possède dans le développement du récit *Histoire d'un fonctionnaire*, ses miroirs internes qui reflètent et mettent en relief l'intention signifiante d'une structure d'écriture.

On relèvera tout d'abord deux griffonnages du héros, Florent, décrits dans les premières pages du roman (*HF*, 19–32). Le quotidien est suggéré dans le premier, par une approximative caricature de la dame catéchiste, et dans le second par des dessins géométriques à l'aspect quelque peu labyrinthique. Ce quotidien tout à la fois ridiculisé et rendu inquiétant, perd pied, s'égare dans la *distance* que traduit la deuxième composante des griffonnages ; pour l'un, il s'agit de l'agencement de plusieurs lignes droites figurant le souvenir d'un grand nuage qui avait fasciné Florent ; pour l'autre, il s'agit de l'inscription mouvante dans l'enchevêtrement des lignes, d'un petit rond lumineux dû à un rayon de soleil passant par le haut d'une fenêtre. Ces deux dessins, esquisses naïves et spontanées, reflètent un vagabondage fondé sur une dérive du quotidien. Ce qui s'avère en fait rassurant et libérant pour l'auteur de ces griffonnages, c'est le merveilleux signifié aussi bien par le tracé du grand nuage que par celui du petit rond de lumière qui voyage toujours un peu plus loin sur la table, et échappe.

Les deux autres miroirs reflétant le vagabondage, se situent vers la fin de chacune des deux parties du récit : pour le premier, ce sera la mise en place d'un chromo représentant un étang entouré de roseaux et dominé par la lune (*HF*, 177–81) ; pour le second, celle d'une peinture où deux personnages assez insignifiants se tiennent au bord d'une falaise au-dessus de laquelle se détache la lune (341-3). Dans les deux cas, le paysage représenté serait de peu d'intérêt si un autre élément s'introduisant dans la description, ne venait faire basculer le banal dans l'imprévu. Le paysage familier de l'étang offre « *un clair de lune chinois* » (181) qui ne se reflète pas dans l'eau; quant au site de la falaise, il présente d'étranges bandes de brume qui rendent le ciel « *immense, noyé dans une couleur qui n'était celle d'aucun ciel connu* » (341). Le paysage représenté est ressenti comme dessiné *à côté* de quelque chose d'essentiel... mais à côté de quoi?

Le chromo et la peinture, en deux points « névralgiques » de la structure du récit, témoignent d'un paysage banal devenu support du Divers. En reflétant le vagabondage, ils traduisent la tentation de l'étrange qui, précisément, s'empare de Florent lorsque, fixant la peinture de la falaise, il lui semble soudain que « *ce qui était proche apparaissait lointain et le lointain s'avançait vers vous* » (*HF*, 341) lorsqu'il croit voir s'inscrire un chemin vers l'étrange. Car il y a un *chemin* pour le poète et son lecteur, entre le banal paysage et ce qu'on pourrait appeler son élément extravagant, un *chemin* presque imperceptible qui ne se révèle qu'au regard accommodé à la distance, qu'au *regard imprévu*, « *deux lignes insignifiantes* [...] *mais à partir de là rayonnait une splendeur inexplicable* » (343). À nouveau, comme dans les griffonnages, un merveilleux s'esquisse dans la distance, ou plutôt se laisse soupçonner à cause d'un léger tracé rectiligne qui se met à « vagabonder » dans l'imagination de celui qui l'a perçu.

Ces mises en abyme d'un vagabondage suggèrent le dynamisme créateur d'une réalité pressentie *par-delà* le familier ou le banal; un dynamisme s'exprimant dans les jeux d'une distance qui n'est pas le « au loin » mais le « plus loin ». Aussi peut-on se demander si le vagabondage ne serait autre que l'expression d'un rythme profond d'écriture, déterminant un mode de fonctionnement propre au récit tenté d'atteindre par les images qu'il trame, un autre côté du quotidien qui n'entre plus dans des classifications auxquelles nos yeux et nos esprits sont habitués; le côté de la magie de certains intervalles qui fascinent en altérant le sens des choses et des regards (*HF*, 339). « *On en venait à croire qu'il y avait par-delà une sorte de contrée inconnue.* » (181). L'autre côté du quotidien recélerait-il le passage vers un Pays sans nom?

Parce qu'un paysage, aussi banal soit-il, peut par-delà ses limites apparentes, répondre à un *regard imprévu*; parce qu'il peut se laisser « prendre » par une « fenêtre plantée ou imaginée », il est *événement*. Ainsi en était-il pour les paysages que captait le regard de Florent : « *Ces simples vues champêtres c'était pour lui toujours des* événéments *doués d'une signification aussi vive qu'impénétrable.* » (*HF*, 79). La mise en relief du mot *événement* dans le texte, ouvre le sens sur une disponibilité virtuelle à quelque chose qui doit être en train de se préparer, qui doit arriver; à une *histoire* totalement autre qui se compose dans ces paysages, instruments d'un écart possible vers l'étrange. Le vagabondage que nous avons essayé de cerner dans ses miroirs, n'existe qu'en fonction du paysage-événement.

Tant dans *Nulle part* que dans *Histoire d'un fonctionnaire*, les paysages-événements n'ont rien à voir avec des sites plus ou moins grandioses, montagneux ou maritimes, qui invitent à la méditation contemplative. Ce sont des campagnes sans attraits particuliers, des zones assez inhospitalières, à demi-marécageuses, des étendues pour lesquelles revient souvent le qualificatif d'*incertain*, voire même des « bas-fonds » indéterminés. Ce sont toutes sortes de lieux plus ou moins solitaires où il n'y a rien à voir; et pourtant... là où il n'y a rien à voir, nous assure le narrateur de « Un Conte d'hiver », « *il est difficile de ne pas voir à un moment, des lointains inappréciables* » (*S*, 74). On ne manquera pas d'ailleurs, de remarquer que les lieux abandonnés qui apparaissent comme le refus de tout voyage, particulièrement dans *Histoire d'un fonctionnaire*, sont précisément ceux qui ouvrent les routes magiques d'une autre histoire.

Au cœur de ces étendues banales, dénuées d'intérêt, alors même qu'une détresse peut parfois s'y inscrire, un enchantement s'avère toujours possible : un *événement* que Florent ne peut ni appréhender ni définir et dont il ne retient que l'expérience d'une intense émotion, mais fugitive. Il se voit attendu, guetté par une *idée impossible*, un secret de la vie si parfaitement illisible que la seule image qui s'impose à lui pour dire l'*événement*, est « *un drôle de vide* » (*HF*, 339) : « *Simplement c'était chaque fois alentour ce même drôle de vide* [...] *une sorte de profondeur d'où semblait sourdre une paix brûlante et indicible.* » — cette même profondeur mise à nu dans un sillage qui se creuse, lorsque file une perdrix dans le champ, ou que monte un ramier vers le haut d'un grand hêtre... profondeur fascinante pour celui qui sait « planter » une certaine fenêtre.

Il s'agit essentiellement d'une profondeur attachée à une terre familière qui appelle à aller toujours plus à l'intérieur, à s'enfoncer en elle, et d'une certaine façon à *se dépayser* en elle : « *Cette direction vers l'intérieur du continent le séduisait et le reprenait, qu'il se trouvât au bord du canal ou dans la ville, et il avait fini par se demander ce que signifiait cette orientation.* » (*NP*, 162). En effet, dans *Nulle part* comme dans *Histoire d'un fonctionnaire*, l'orientation vers l'intérieur des terres se trouve nettement mise en valeur. D'instinct Jacques allait « *vers l'est, c'est-à-dire de façon à s'éloigner de la mer* » (162-3), son vagabondage n'entre pas dans la catégorie des grandes aventures; il est guidé par la fascination d'une campagne *pure* de la même manière que Florent est guidé par celle d'un « drôle de vide » qui ramènerait toujours vers un mystérieux centre du réel auquel s'accorderait le *regard imprévu.* À l'intérieur d'une terre banale mais profonde, il suffit d'un rien, à l'image d'un petit rond de lumière voyageur, pour mettre en branle un vagabondage aimanté par le Divers.

Même lorsque Anselme — personnage hors du commun qui tout à la fois provoque et charme Florent — poursuit un extraordinaire destin vers les pays d'Orient, son pèlerinage n'est en rien différent du vagabondage de Florent, tout au plus il en serait le prolongement, l'extension et en quelque sorte, la concrétisation de l'événement. La route vers l'Orient ne se découvre-t-elle pas par-delà un simple petit chemin des champs ? ce même chemin figuré par deux lignes droites sur le tableau que nous avons considéré comme une mise en abyme du vagabondage. Par l'intérieur des terres, le chemin de campagne insignifiant *fait merveille* littéralement : des fleurs d'un rouge particulièrement étrange et attirant mènent à la grande route vers l'Orient (*HF*, 360) ; la pure réalité est ici extraordinaire.

Parce que chaque paysage-événement peut se relier secrètement au Divers, parce qu'il peut donner naissance à une histoire totalement autre, il possède son « Orient » dont il ouvre la route à celui qui croit à des contrées inconnues par-delà la réalité banale, à celui qui sait lire les signes d'une rupture de l'espace familier, et y deviner les traces d'un monde autre : « *Il imaginait toujours un pays éclatant qui était son pays natal ou quelque autre aussi bien.* » (« Auberges » ; *S*, 184). Le proche et le lointain se dépouillent de toute signification dans l'évidence d'une campagne familière soudain transfigurée. Aussi le « pays éclatant » peut-il se laisser appréhender dans l'intervalle d'un invraisemblable coucher de soleil, ou dans le mirage d'un pré suspendu qui, sur un penchant d'étendues herbeuses « apparut *détaché des autres parcelles comme suspendu et appartenant à une autre planète* » (*HF*, 220). La mise en relief dans le texte du verbe *apparaître* fait signe au pouvoir d'un *regard imprévu* qui *lit* la rupture dans la distance. En effet, le couchant comme le pré ne dévoilent en profondeur une vérité que dans la mesure où celui qui regarde ne se contente pas de contempler un déploiement de lumière, mais *filtre* sa vision dans l'embrasure d'une « fenêtre plantée ou imaginée »; dans la mesure où il se laisse guider par la distance ménagée, vers un point qui, oserait-on dire, coupe un instant le souffle et le sens : « *Il s'agissait d'une lumière intense qu'on aurait dite semblable à la mort.* » (282).

Dans ces instants qui peuvent être considérés comme des sommets du vagabondage, Florent a le sentiment de toucher à ce qui lui manquait, sans toutefois pouvoir nommer ce manque, traduire sa nature. Aussi l'espace inconnu qu'il croit voir *apparaître* dans la rupture de l'espace familier, s'avère-t-il celui d'un intense étonnement qui se prolonge dans le questionnement de la mort : « *Si le monde était réduit à l'étonnement, pourquoi n'y aurait-il pas l'étonnante éternité ?* » (*HF*, 243). Dans la faille merveilleuse du quotidien, l'*événement*, ce « drôle de vide », lui semble relié à un monde lointain qu'il ressent soudainement proche, signe d'une *affaire fabuleuse* qui sûrement existe et qui résoudrait l'angoissant espoir infondé, attaché à des mots tels que *au-delà*, *toujours* — des mots trop galvaudés qui se dressent brusquement en obstacles que Florent aimerait ébranler, réduire à un sens vrai, rassurant. Aussi ce sont les mêmes questions qui reviennent à chaque expérience d'un vagabondage où distance et profondeur se conjuguaient :

Qu'y avait-il au loin? (*HF*, 37)

Qu'est-ce qui demeurait en dépit de tout? (*HF*, 243)

L'étonnement serait en définitive, ce qui fait aussi bien avancer que dévier l'histoire dans des récits comme *Nulle part* ou *Histoire d'un fonctionnaire.* Il assure le parcours d'un regard tant imprévu qu'ému, qui électrise le procès de l'aventure. Or, le dynamisme de cet étonnement dépend, rappelons-le, d'une certaine « fenêtre » qu'il faut savoir planter ou imaginer. Il dépend d'une ouverture attentive et minutieuse, d'un angle à choisir... autant dire d'une attitude spécifique d'écriture, et par là même de lecture — la connivence, dans ce cas, ne pouvant être qu'étroite entre le narrateur et le lecteur — adaptée au besoin impérieux de créer le *signe* qui, au cœur du quotidien, se placerait devant ce qui paraît rêve, enchantement, élan vers l'impossible, en y imposant la valeur de *possible.*

Dans la création de ce *signe*, les images de la distance, du rectiligne qui « file » vers *l'apparaître*, sont de première importance. Elles révèlent une manière d'être de l'auteur à ses paysages familiers; cette habitude à laquelle fait allusion le narrateur de « Chronique fabuleuse » : « *En parcourant, selon mon habitude, chemins et sentiers, il me semblait sans cesse chercher une issue.* »[17], une issue au seuil de laquelle *le possible* serait *l'étrange*; une issue par laquelle se dessinerait la distance propre au *regard imprévu.* Or, cette distance possède un point d'origine nettement et concrètement défini — là se situerait peut-être le *signe*? Il s'agit d'un détail matériel du paysage quotidien, détail le plus souvent minime, dont s'empare le récit dans un raccourci descriptif, et dont le lecteur pourra suivre le retentissement dans la marche de l'histoire.

le détail

La tentative du texte de se brancher directement sur un *regard imprévu* et d'en accaparer l'instant révélateur, coïncide dans les récits qui nous occupent, à de brèves focalisations de l'écrit sur un détail à raconter. Ce détail, parfois quelque peu saugrenu, crée une légère divagation ou même une sorte de brouillage passager dans la trame fictionnelle. Sa définition pourrait se déduire d'un passage de *Histoire d'un fonctionnaire*, où Florent exprime son désir de « *trouver ne serait-ce que* LE SIGNE LE PLUS MINCE D'UNE VÉRITÉ FABULEUSE » (*HF*, 185). Par le truchement du détail inattendu, pris dans le champ du *regard imprévu*, une autre histoire qui ne se laisse pas raconter, mais qui constamment double la fiction, viendrait un moment affleurer à l'histoire qui, elle, est en train de se faire, de se raconter.

Le détail propre à l'univers poétique de Dhôtel, se présente donc comme un élément du quotidien, fort mince et apparemment de peu d'importance, qui s'institue brusquement en tant que corps étranger, alors même qu'il demeure partie intégrante du paysage familier. Sa présence signifiée, décrite, isole un fragment du texte qui se met à rayonner seul, comme s'il avait perdu tout lien avec l'histoire en cours; il provoque l'imagination du lecteur attentif et appelle sa connivence pour « lire » ce qui n'est pas écrit. On remarquera au passage le lien étroit existant entre le détail et le vagabondage; un lien créé par une réciproque stimulation : « *Si l'on s'en approche sans le savoir on est bouleversé par une force qui vous envoie aussi bien au bout du monde.* » (*HF*, 66). On se rappellera dans *Nulle part*, les fleurs inconnues mêlées aux pâquerettes du talus, qui entraînent le sérieux Jacques à imaginer de possibles errances, car ces fleurs inconnues imposent une « histoire » secrète qui sape en quelque sorte le développement logique de l'intrigue romanesque amorcée. À la vue des fleurs inconnues, Jacques se persuade qu'il existe pour lui « *quelque chose de plus important qu'Armande ou Jeanne* » (*NP*, 53).

Au niveau de l'écriture du texte, l'impact et la résonance du détail sont dus au surgissement d'un mot ou d'une image qui ébranle et creuse la signifiance. Une fulgurante plus-value se trouve alors conférée à la description du quotidien, du banal ou du trop connu ; ce sera le cas de ces colchiques à l'intense coloration qui font d'une simple prairie « *un spectacle superflu, d'un luxe hors de toute appréciation* » (*HF*, 249). De fait, le texte même offrira soudainement un « luxe » de langage, un « élan » d'images, mais vite coupés par le fil normal de l'histoire à raconter ; pourtant le sentiment que cette « flambée » du texte est indispensable à sa vérité profonde, demeure. La curiosité que soulève un menu détail qu'on aurait pu croire inutile, mais qui surgit comme « *un trésor volé au temps et à la routine des jours* », engendre le goût fantasmatique d'une autre réalité, la jouissance que donne l'inexplicable.

Il en résulte que l'écriture du détail modifie en profondeur le cheminement du récit. À l'endroit où le détail se libère, il opère un changement de tonalité, et s'emploie à faire lâcher prise à la logique de l'histoire qui se raconte, comme nous avons pu le constater avec l'exemple des colchiques. La relation entre le passage où le détail s'inscrit et le détail lui-même, ne peut plus être celle d'un tout à l'une de ses parties, puisque cette partie se caractérise par son *excentricité* : elle se trouve déplacée par rapport à son contexte. Il semblerait que par la force d'impact du détail, s'est opéré un déplacement du centre de gravité du texte, vers l'autre histoire qui ne se raconte pas.

De détail en détail, se trace dans la texture du récit *Histoire d'un fonctionnaire*, une sorte d'itinéraire de la déviation que l'on pourrait appeler la route des reflets d'un « trésor » essentiel qui n'est jamais atteint définitivement et en totalité, parce que jamais épuisé. Il suffit de se rappeler les dernières lignes du roman qui mettent en lumière une dimension du récit se rapportant à l'orchestration d'un jeu inachevé du détail, assurant la continuelle suggestion d'une autre histoire : « *Il y aurait encore à découvrir en leur saison, pour un mer-*

veilleux instant, ces autres impossibles fleurs. » (*HF*, 386).

À plusieurs reprises dans le cours du récit *Histoire d'un fonctionnaire*, des énumérations de détails aux implications magiques apparaissent. Ce sont des rappels, des remises en texte par une nomination précise dans l'ordre chronologique de leur surgissement, de détails qui ont été autant d'éclats d'un rêve vivant continuant à déchirer l'espace du quotidien d'un fonctionnaire, tramant la poésie dans la fiction, faussant les données de l'histoire qui se raconte : « *Jadis ce nuage, cette églantine, et même rien que le nom d'Edwige* » (*HF*, 134).

Ces énumérations parfois associées à celles de paysages-événements, rechargent poétiquement le récit. Elles organisent une sorte de jeu de cartes, disposant dans le procès de l'aventure, des tarots à trois « couleurs », à trois expressions : le dessin singulier, la scène minuscule et fascinante, le mot isolé comme semence d'un langage qui infirme la réalité. Avec ce jeu de cartes, il semblerait que l'auteur, narrateur de l'histoire de Florent, se livre à quelque réussite, risquant l'enjeu d'un « grand rêve invisible » dans des combinaisons de *détails* et de *paysages-événements* qui viennent éroder le roman (*HF*, 294). D'une certaine manière, il s'agirait de gagner sur le destin, de tenter de substituer à la confusion normale du quotidien, à l'ordre de l'existence courante ressenti comme un désordre, une situation d'un autre ordre qui serait parfait.

Dans la structure et le mouvement du récit, le jeu des détails-tarots vient doubler en tant que contraire complémentaire, un autre jeu, celui des idées que l'auteur par le truchement de son héros, redistribue plusieurs fois afin de réfléchir sur le développement de l'histoire qu'il construit. Avec le jeu de cartes des idées surtout représentatives des avatars, des amitiés et des amours de Florent (*HF*, 280), se jouent les différentes étapes du roman, ou plutôt de ce qui serait apparence de roman; et dans le même temps, avec le jeu des détails s'opère une transgression : le franchissement des limites de l'histoire d'un fonctionnaire, le choix de l'irréalisation instituant l'imaginaire comme réel, et creusant dans la banale réalité le signe d'un autre ordre.

Dans la « couleur » du jeu caractérisée par un dessin singulier, une carte maîtresse se distingue : le tarot du nuage. Il s'agit bien en effet d'une carte maîtresse car, d'une part, elle s'abat au début de chacune des deux parties du récit, et à la fin du récit, marquant ainsi l'élan et l'achèvement de l'écriture; et d'autre part, c'est sous son signe que se place l'acte même d'écrire alors que s'amorce l'histoire à faire exister. En effet, il nous est raconté que sur une grande feuille de papier blanc, Florent qui incarne le *faiseur* du récit, trace d'abord « *des lignes incertaines dont l'une pouvait figurer le grand nuage* » (*HF*, 19) — ce grand nuage dans le ciel qui le fascine, et dont la description constitue précisément l'incipit du roman.

Ce qui va s'écrire est comme emblématisé par le dessin singulier du nuage, « *la régularité de son vaste contour triangulaire était invraisemblable dans la profondeur. Car il y avait une profondeur* » (*HF*, 11). De fait, à l'instar de l'étrange nuage dont le contour bien défini paraît supporté par le relief flou d'une profondeur insondable, ce qui va s'écrire, se raconter, sera l'histoire de Florent qui, bien qu'esquissée apparemment assez nettement, semble vouée à la dérive, au dérapage, à cause d'une autre histoire inscrite par-delà les détails magiques, par-delà les paysages-événements; une histoire sans nom, sans titre, « invraisemblable dans la profondeur ».

« *Il y avait une fois un professeur adjoint...* ». Ainsi se formule la première ligne du roman qui va se perdre dans le silence des trois points. Elle s'interrompt par la force de quelques mots invitant à rêver : — il y avait une fois — des mots appelant le tarot de l'étrange nuage, du détail qui infiltrera sa magie. L'histoire de Florent est, pourrait-on dire stigmatisée au départ par cette carte maîtresse d'une *autre histoire* jouée dès les premiers mots écrits.

Dans le procès du récit, une autre carte va affirmer son efficacité en introduisant par sa « couleur » de scène minuscule, l'imminence d'un scandale dans le paysage familier : il s'agit du tarot de la fleur inattendue que le discours descriptif saisit comme un spectacle insolite en miniature, qui vient rompre l'ordre normal des choses. Cette fleur en quelque sorte racontée, ce tarot que joue l'écriture, équivaut à la figuration d'un instant où le sens échappe, où tout ce qu'on croyait connu, désigné, propre à mener à bien le roman, perd pied à cause d'un détail qui fait irruption en dehors de tout projet ou but ; instant de la *distance* créée.

Ainsi, dès le début du récit, l'églantine rose « surgit là » au milieu des fleurs les plus banales d'un talus, faisant obstacle. Elle ne se laisse plus regarder comme une simple églantine, elle perd son nom et met en doute le sens : « *Que signifiait cette rose ? à quoi pouvait-elle servir ?* » se demande Florent, car cette fleur « *n'avait aucun sens dans la suite ordinaire des jours* » (*HF*, 20). Aucun sens... le détail coïncide avec un instant de pure gratuité ; un instant où une églantine, une anémone, un colchique ou un corymbe, ne sont plus ni familiers, ni apprivoisés, ni sûrement catalogués, mais étrangers ; ils se profilent comme des *éclats* intenses bien qu'infimes, des « *petits brins de beauté* » d'un monde détaché de toute raison (316).

Le contour de la fleur inattendue tracé par les mots descriptifs, à l'instar du nuage singulier, prend valeur de signe qui borde une invraisemblable profondeur. En effet, du rose de l'églantine (au début du récit) au rouge du corymbe (à la fin du récit), se fixent par le truchement des diverses fleurs inattendues, les nuances d'une couleur troublante parce qu'elle engendre une profondeur en mouvement. Chacun de ces tarots dit un renversement de perspective dans le paysage du récit, insère une vision éclatée comme si le dessin minime de la carte qui se joue, reflétait l'immensité d'un autre dessin/dessein. De fait, chacun des tarots de la fleur — scène minuscule — permet que se profile le sens retourné d'un humble terroir. Il introduit l'infime fragment coloré d'un insaisissable couchant présent à la fois dans et par-delà l'histoire d'un fonctionnaire et de son banal quotidien : « [...] *une couleur d'un rouge violent et obscur qui au lieu de se détacher comme une petite lumière, ainsi que n'importe quelle fleur, semblait assombrir l'herbe tout autour.* » (*HF*, 358).

Fragments dessinés d'une invraisemblable lumière de couchant, les tarots de la fleur — scène minuscule — prennent la dimension dans le développement de l'écrit, de reprises en échos de ces *mots essentiels* auxquels faisait allusion Dhôtel dans « Littérature sauvage » :

Or ce sont justement elles [*les fleurs*], uniques et sauvages, qui, comme la mer, murmurent les mots essentiels du conte sans fin de notre vie : « il y avait une fois », pour bientôt qu'une grande histoire vraie multiplie ses feux dans les aurores et les déroutes de la poésie.[18]

Rappelons-nous l'incipit de *Histoire d'un fonctionnaire* : « *Il y avait une fois un professeur adjoint...* » histoire déroutée par un extraordinaire nuage... Les *mots essentiels*, ce sont aussi ceux qui improvisent des manières de rêver, de dire le « il y avait une fois » dans le quotidien ; des manières d'ouvrir la matière du roman sur les « feux » d'une autre histoire ; des manières de créer l'espace du conte où, comme le prétendait Bosco, ce poète connaisseur en matière de contes, les « *dieux ont déposé* [...] *les secrets du monde visible et invisible* »[19]. Des *mots essentiels* libérés de la contrainte de signifier une trop immédiate et banale réalité, des mots par la magie desquels s'expatrie le quotidien, telles nous apparaissent les cartes de la troisième « couleur » du jeu des détails qui structure l'éclatement de l'histoire d'un fonctionnaire. On s'attachera à suivre le jeu simultané de deux de ses tarots — *deux mots essentiels* — : un nom propre *Edwige*, un nom commun *chemin*, qui « jouent » l'ouverture du roman d'un fonctionnaire sur les « *feux* » d'une histoire tissée par « *les aurores et les déroutes de la poésie* »[18].

« *Si vous aimez les mots au point d'y succomber, vous vous retirez de la loi du signifié* »[20], remarquait Roland Barthes et, pourrait-on ajouter, peut-être entrerez-vous dans la loi d'un signifiant pur, « fabuleux ». C'est nous semble-t-il, cette sorte d'expérience, ou si l'on préfère cette aventure de poète, qui s'inscrit dès le début du récit, lorsque Florent succombe à la séduction d'un mot : *Edwige*, et se trouve comme pris en charge par ce signifiant qu'il pressent être refermé sur une signification prodigieuse. Le lecteur lui-même n'est pas sans éprouver qu'à l'instar de certaines fleurs, le mot *Edwige* engendre une progressive dynamisation du texte (*HF*, 28).

On constate que la gamine de l'école qui portait ce nom se trouve très vite rayée du récit, mais il n'en demeure pas moins que sa brève insertion au début de l'histoire a inscrit une coïncidence fort significative entre la grande feuille de papier blanc donnée à Florent par la gamine, et le nom même d'*Edwige* murmuré; un nom qui se trouve ainsi lié au désir d'écrire, lié à une histoire à « griffonner » en marge de l'histoire que l'on pourrait qualifier d'« ordinaire ». N'est-ce pas à cela que font signe les dessins de Florent sur la grande feuille blanche? On y déchiffre, rappelons-le, le sérieux d'un grand rêve dans le tracé de l'étrange nuage, juxtaposé au dérisoire du quotidien et de son « ordre » dans la caricature de la dame catéchiste. Ces dessins ont, sans aucun doute, valeur de signes prémonitoires de la facture du récit qui va se faire; ils constituent un raccourci métaphorique de la double écriture de l'histoire.

À l'instar du nuage et des fleurs singulières, le signifiant *Edwige* borde une profondeur en mouvement, et par là même opère des ruptures dans le développement de la narration. Lorsque Florent prononce, sans aucune intention préalable, le mot *Edwige*, c'est une sorte de paysage sonore et coloré de l'élan qui le saisit ; paysage totalement vain et qui pourtant, lui est essentiel comme l'est le premier rythme de quelque chose d'ineffable, d'une création poétique. Or, au fur et à mesure que va s'affirmer dans le procès du récit le pouvoir de ce tarot et sa valeur de signe d'une histoire autre, le mot *chemin* lui aussi va se libérer, c'est-à-dire se détacher du cliché *faire son chemin*, récurrent dans la première partie du roman ; un cliché somme tout accordé à l'histoire d'un fonctionnaire, mais totalement étranger à une histoire faite de moments uniques, de saisissements intenses devant des apparitions naturelles (*HF*, 249). Le mot *chemin* libéré entre dans ce qu'écrivent les détails captés par le *regard imprévu*, et dans ce qui constitue l'enjeu des tarots :

> Florent n'avait pas une sorte de passeport pour se présenter dans l'entourage de ces personnes qui *font* leur chemin. (*HF*, 60)
>
> Ils peuvent se frayer un chemin ou des chemins. Moi je n'en aurai jamais de chemin. (*HF*, 128)

ou plus exactement, Florent aura un *chemin*, mais autre et unique, celui qui n'est plus lié au communément admis, et qui dessine la distance en s'insérant au sein du vagabondage. Ce sera un *chemin* qui défie toute utilité : « *Florent regarda longuement ce chemin abandonné* [...] *Il présentait une perspective saisissante.* » (*HF*, 71).

À chaque fois que se glisse dans la narration le tarot *Edwige*, il se produit une dérive, une négation du chemin auquel serait liée une direction déterminée. Les images qui s'employaient à mener à bien la trame romanesque, changent, se déforment. *Edwige*, *chemin*, ne sont que des mots mais, nous avertit le narrateur, « *justement de simples noms, si on les prononçait au-delà de toute intention et de toute raison, pouvaient enfin révéler quelque merveille imprévisible* » (*HF*, 281). Ces noms attrapés par le rêve, deviennent « tarots » et font « histoire ». Par l'action imageante et le pouvoir de rupture qui leur sont conférés, ces noms dans le corps du récit, jouent le rôle de la « fenêtre plantée » pour ménager une ligne droite vers un point de fuite.

Les insertions du signe *Edwige* sont autant de points de tangence à la surface de l'écrit — si l'on peut s'exprimer ainsi — d'une présence inaliénable. Elles forcent en quelque sorte le processus narratif à incarner ce maître-mot dans un personnage qui s'avérera essentiel; ainsi le tarot *Edwige* entrera de plain-pied dans la composition de l'histoire d'un fonctionnaire, mais pour faire triompher ce qui n'était que dérives, à-côté, dans la trame romanesque; pour assurer qu'une histoire en marge peut s'écrire. De fait, l'histoire d'un fonctionnaire ne peut plus *faire son chemin*, elle est irrémédiablement accordée au *chemin* libéré qui vit dans et par le personnage d'Edwige, un chemin aimanté par le Divers, le « plus loin » : « *Elle allait n'importe où droit devant elle, tout à fait incapable de revenir sur ses pas et de reconnaître les endroits où elle était passée.* » (*HF*, 296).

Pour Edwige le chemin qui conduit, qui aboutit, n'a pas de sens. Ce qui est nécessaire c'est l'expérimentation du chemin qui éloigne toujours plus, quêtant quelque impossible trésor; ce qui est nécessaire c'est l'autre chemin autour duquel s'harmonisent tous les détails cueillis — infimes profondeurs en mouvement :

> Elle désignait une de ces anémones d'un rouge violet [...] Cette fois le regard d'Edwige se révélait d'une intense précision [...] Sans doute pour elle rien d'autre n'existait que les détails infimes. (*HF*, 314)

Paradoxalement, c'est ce chemin libéré de toute utilité dont elle a besoin pour apprendre à s'orienter dans la réalité quotidienne, ou mieux pour orienter la réalité quotidienne vers une réalité bien plus importante : « *Je comprends maintenant comment passer d'ici à plus loin, comment retrouver des points de repère, pour ne plus me perdre.* » (*HF*, 361). Le personnage d'Edwige, enjeu gagné des détails, assure en quelque sorte l'ouverture du roman sur l'espace d'un récit poétique. N'est-ce pas d'ailleurs, ce que vient parafer l'union d'Edwige avec Florent, poète déroutant qui n'a jamais fini de croire à d'autres impossibles fleurs à découvrir, à suivre....

Le détail joué par l'écriture, que ce soit le dessin singulier, la scène minuscule ou le mot libéré, apparaît comme le fragment d'une histoire perdue qui infirme la fiction en faveur d'un univers poétique. Il en résulte que le détail, dans le récit de Dhôtel, met en question une lecture horizontale du texte. En effet, comment lire le nuage triangulaire, l'anémone ou le corymbe, le nom *Edwige* ou le mot *chemin*, si ce n'est en entrant dans l'espace d'un grand *poème du détail* qui renvoie à la verticalité du sens.

Par ce *poème du détail* disséminé dans la structure fictionnelle, il s'opère une sorte d'érosion du roman — érosion car il y a à la fois usure et transformation de la fiction qui se trouve sournoisement halée et déformée par l'emprise d'une réalité insoupçonnée, un en-dedans — en-dehors du quotidien. De cette réalité, le *poème du détail* se voudrait l'éclat, le reflet. En fait il n'est que mots épars, mais « extasiés » et « gonflés » d'une énorme ambition : celle peut-être d'accrocher quelque « *lointaine nouvelle de l'éternité* »[21]... *éternité*, encore un mot, le plus fascinant sans doute — « *ce mot m'enchantait* » (p. 4[17]) —, de cette « *affaire fabuleuse* » (*HF*, 219) qui hante Florent, qui n'a ni forme ni visage... un simple passage ?

Un *regard imprévu* — regard de poète — se saisit du détail minime qui creuse une distance dans le quotidien, et le convertit en une image signifiante de nouveauté et d'étrangeté, en discordance avec celles du familier; une image qui, fixée par l'écriture, ouvre dans l'espace du texte, la route à une parole poétique qui ne se borne pas à exprimer des sensations ou des idées, mais « *tente d'avoir un avenir* »[22], selon l'expression employée par Gaston Bachelard pour caractériser l'être propre de l'image poétique.

Le jeu des détails que nous venons de poursuivre dans le récit de Dhôtel s'est manifesté comme étant un jeu de mises en distance d'éléments narratifs qui, par le fait même, vont à l'encontre de tout principe unificateur entre les divers événements qu'assemble le récit. Un tel principe se trouve, en effet, battu en brèche par les fantaisies d'insignifiants fragments de réel qui se mettent à faire des contes, et déstabilisent la structure de l'histoire en train de se raconter. Avec ces détails qu'il nous faut donc lire comme les éléments d'une structure particulière enchâssée dans la composition du récit, s'affirme l'écriture de la dissonance comme principe d'ouverture sur une histoire autre à suivre... Il se pourrait bien que la dissonance elle-même soit le véritable principe unificateur d'un récit tel que *Histoire d'un fonctionnaire*.

Le narrateur met les cartes de son jeu de détails entre les mains d'un personnage qui possède le pouvoir de les rendre opérantes, parce qu'il vit la dissonance en lui et hors de lui. Il se présente comme un marginal, un séparé, tout à la fois hanté par une médiocrité d'ailleurs ouvertement reconnue par les autres, et la tentation de l'extraordinaire qu'il porte et entretient dans le secret de son être.

Les premières lignes de l'essai de Dhôtel intitulé « Rimbaldiana », stigmatisent en un raccourci pertinent le Rimbaud en dehors de tout chemin qui fait signe à un type de personnage sans aucun doute cher à l'auteur : « *Un banal propre à rien qui se maudit et s'enchante à des instants imprévus.* » (p. 12[21]). N'est-ce pas là une esquisse à gros traits qui pourrait convenir au personnage de Jacques ou de Florent — personnage « en dehors de tout chemin » mais accordé à un *chemin* libéré. Au centre de l'univers dhôtelien se dresse pour ainsi dire, celui qui vit la dissonance et présente effectivement un certain reflet rimbaldien, si ce ne serait que par une qualité de vagabondage qui se veut une saisie immédiate d'*éternité.*

Personnage neutre, quasiment emprisonné dans la banalité, tel apparaît Jacques, figure centrale du récit *Nulle part*, qu'une image « sortie » du regard des autres sur lui, vient renforcer : « *Il avait toujours l'air d'être enfermé dans des vêtements en fil de fer* » (*NP*, 25). Lui-même se voit, non sans lucidité, installé, ou mieux posté dans la routine, semblable à un mannequin quelconque dans une vitrine (8). Il va même jusqu'à mettre en doute son imagination et son intelligence. Mais ne nous y trompons pas, ce portrait brossé au fur et à mesure que se développe le premier mouvement du récit, ne rend compte en fait que d'un déguisement imposé par le quotidien routinier. Ce sont des apparences que le discours descriptif met en place et exagère, pour mieux faire ressortir par la suite ce qu'elles dissimulent : une confiance sans bornes en d'autres choses dans la banalité, « *si démesurément inexplicables* » (162). Pris au piège de cette confiance, le héros est entraîné presque malgré lui, à chercher des failles, des issues, dans le quotidien banal ; à se faire l'ami, le complice des marginaux, des enfants « sauvages », de ceux pour qui les interdits fixés par une « bonne » société, ne sont que lettre morte.

« *Un banal propre à rien qui se maudit et s'enchante* »

(p. 12[21]), c'est aussi Florent, figure centrale de *Histoire d'un fonctionnaire*. Entre la fausse pitié et le mépris avoué, oscillent les remarques des autres à son sujet : « *Il n'était pas fort - quand on a un fils pareil... - une vraie calamité - c'est simplement une épave* » (*HF*, 13–35). Alors que le récit ne fait que s'amorcer, il se constitue ainsi autour du personnage principal, une sorte de mise en scène des bavardages qui, en fait, développe une insistante interrogation sur ce que cachent des apparences si décevantes, et à bien des égards provocantes. Aussi le narrateur anonyme, dès le début de son récit, laisse-t-il deviner la force créatrice attachée à une dissonance profondément ancrée dans cet être apparemment sans relief : « *Il y avait une sorte de désaccord dans la profondeur de son être, et en même temps dans la réalité qui l'entourait et le mènerait à autre chose que ce qu'on aurait voulu ou que ce qu'il voudrait.* » (18). Son portrait qu'il reçoit des autres, Florent le remodèle intérieurement en forme et en termes de dérives, de désarrois, de ruptures (35, 58, 133, 358). Il le compose à la mesure d'un rêve offrant une nette tonalité rimbaldienne. Le portrait qu'il se donne de lui-même pourrait présenter comme légende, cette réflexion du narrateur anonyme : « *Il n'était capable de rien mais de* tout. » (65). La discordance serait la clé de *son* histoire secrète, bien à lui, qui se déboîte de l'histoire d'un fonctionnaire, au gré d'une « fenêtre » à planter ou à imaginer, et de quelques tarots à jouer.

Chez Jacques comme chez Florent, ce qui dissone dans le quotidien organisé, c'est une « mentalité du chiffonnier » dont parle Dhôtel dans « Rimbaldiana », cette mentalité d'ailleurs franchement avouée dans le cas de Jacques, détermine le fil narratif le plus sensible du récit *Nulle part* :

Jacques préférait par-dessus tout les chemins qui longeaient les hangars des fermes ou des usines. Au pied de leurs surfaces cimentées les tessons de bouteilles brûlaient au soleil, mêlés à ces fleurs permanentes que sont les bourses à pasteur. (*NP*, 58)

Le héros se passionne pour des *débris* qui font « miroiter » une possibilité d'histoire autre dans le « *train-train de tous les jours qui recommence et vous étouffe* » (*NP*, 216) ; des débris qui ouvriront un *chemin*.

Avec Florent, la mentalité du chiffonnier s'avère plus affinée et plus nuancée ; elle s'appréhenderait plutôt comme étant celle d'un « chercheur d'or », et plus précisément celle d'un chercheur de brins de beauté qui seraient les *mots* d'une autre histoire à déchiffrer. Mais en fait, derrière Jacques et Florent, se profile le narrateur de « Rimbaldiana » qui, en « chiffonnier », recueille les mots épars semés par l'aventure d'un vagabondage : celui de Rimbaud ; qui espère découvrir une fortune là où « *les experts supputent des valeurs relatives et désolantes* » (p. 12[21]).

Si Jacques et Florent ne jouent aucun rôle dans le monde et n'ont pas l'honneur d'être des rouages appréciables, c'est qu'ils portent en eux une interrogation qui ne cesse de les tourmenter, et que Jacques formule ainsi : « *Quand verra-t-on le monde avec des yeux clairs ?* » (*NP*, 107). Le héros dhôtelien possède des yeux de *mendiant* qui s'attachent à l'insignifiant, c'est-à-dire à une merveille qui vient du dehors, qui ne tient pas à eux. Il quête ce que le « raisonnable » met au rebut, des *débris*, dans l'espoir qu'il en sortira « *des fils d'or jamais aperçus* » (p. 14[21]). Les yeux de *mendiant* sont sans aucun doute des yeux de poète qui s'enchantent à des instants imprévus ; des yeux de poète par le regard desquels opère la dissonance.

Jacques et Florent s'avèrent vulnérables à la séduction d'un « rien » qui leur apparaît unique, et dont ils *voient* le contour accusé comme une rupture, et la clarté engendrant distance et profondeur, tout comme le narrateur de « Rimbaldiana » *voit*

« *la cassure unique douée d'une lumière inattendue* » (p. 13[21]) de quelque fragment hors de prix. L'éclat pris dans sa double signification de brisure et de rayonnement, est essentiel à ces êtres doués du *regard imprévu*, pour ouvrir le quotidien sur une terre promise. Le « banal propre à rien » en s'affirmant chiffonnier-poète, ne serait pas sans parenté avec le *rêveur de rêverie* de Bachelard, puisqu'en définitive il se séduit par l'image qu'il suscite et forme en lui, dans l'absolue liberté de sa rêverie portant sur quelque débris jouant au brin de beauté. Il en résulte d'ailleurs, comme pour le rêveur de rêverie, le sentiment — ou l'illusion — d'une augmentation de l'être, associée à un intense bien-être très bref.

C'est ainsi que Jacques et Florent, rêveurs de rêverie, connaissent des temps forts d'enchantement où la dissonance qu'ils vivent, devient l'intervalle (dans l'acception musicale du terme) appelant une consonance, une harmonie parfaite. Cet appel se trouve signifié par la mise en place d'un discours traduisant une qualité et une puissance d'étonnement particulière au héros. Suscité par ce qui n'a pas de sens dans un ordre communément admis, cet étonnement est indissociable du sentiment impérieux chez le rêveur de rêverie, qu'une chose importante voire essentielle, existe hors de lui et lui manque ; ce que Dhôtel se plaît à qualifier de « *pure sauvagerie* » (*HF*, 372). Aussi le héros est-il poussé à tricher avec le quotidien, à l'aide du jeu de tarots qu'il s'est constitué. Il poursuit tout ce qui, faussant les données communes, brouillant les cartes du jeu d'idées sur lequel se fondait l'histoire à composer, formerait un accord selon un ordre « d'ailleurs », c'est-à-dire établirait un rapport étroit entre l'expression d'une pureté entendue dans le sens de la « pure sauvagerie » du brin de beauté, et le passage vers un pays autre. C'est précisément la tentation de Florent : « *Il désirait ardemment voir un* autre *pays, mais non pas fait de végétaux, d'arbres et de bonnes gens dont on définit les différences. Il fallait que ce fût un pays tout à fait* autre *dans un espace vivant.* » (309).

Dans l'espace du récit, le discours narratif s'emploie à composer une zone grandissante de la dissonance répondant à celle, intérieure, du héros. Cela correspondant à la création de personnages qui, gravitant autour du personnage principal, se font complices à des degrés divers de son vagabondage enchanteur et, par le fait même, repoussent, éloignent les autres personnages voués et dévoués à l'ordre du quotidien. Le texte met en scène une sorte de joute entre deux ordres d'écriture : celui de la réalité imitée et celui d'une rupture de notre monde pour laquelle les mots découvrent qu'ils ne suffisent plus....

Soit qu'ils se tiennent à la lisière du banal et de l'étrange, soit qu'ils se présentent déjà marqués d'un interdit, les complices contribuent à mettre en relief la marginalité du héros et son évolution du « banal propre à rien » au chiffonnier-poète. Mais lorsque le chiffonnier se fait rêveur de rêverie, il se forme en lui un appel encore plus exigeant vers quelque chose d'indestructible qu'il va relier à un personnage détaché des autres, une femme à laquelle il attribue avec passion la mission d'être un *message* de l'autre pays; d'être en quelque sorte, l'incarnation d'une dissonance essentielle.

Comment mieux caractériser cette figure de femme qu'en empruntant une remarque du narrateur du *Rivage des Syrtes*, à propos de Vanessa :

> [...] ce privilège qu'elle avait de se rendre immédiatement inséparable d'un paysage ou d'un objet que sa seule présence semblait ouvrir d'elle-même à la délivrance attendue d'une aspiration intime [...].[23]

Pour Jacques, pour Florent, cette femme est immédiatement inséparable du paysage-événement et du détail. Faut-il rappeler l'étroite complicité qui prend parfois la dimension d'une conspiration dans la structure du récit, entre le canal et Jeanne dans *Nulle part*, entre le bijou et Prisca ou entre la fleur du corymbe et Edwige dans *Histoire d'un fonctionnaire*.

Engendrée par un espace de rupture, cette femme est elle-même porteuse de ruptures. Elle surgit dans la distance ménagée par la « fenêtre plantée ou imaginée », ou dans celle créée par les sortilèges d'un détail. Elle apparaît fatalement liée à une route — route d'écriture qui fait éclater le sens (dans les deux acceptions du terme) de l'histoire. Il semblerait que son rôle unique soit de s'instituer *converse* d'un voyage[24]; d'ailleurs le discours narratif laisse deviner une connotation réciproque : la femme renvoie à une route, et la route à une femme. Dans le regard séduit de Jacques, elle se dresse « *seul personnage de cette allée rectiligne* » (*NP*, 49); et quelques pages plus loin, on peut lire : « *le prenant par la main elle l'entraîna sur la route* » (61). Quant à Florent, « *avec Edwige il avait fait le plus immense des voyages* » (*HF*, 374) sur ce que l'on pourrait appeler la route des fleurs étranges. On remarquera que le rôle de converse d'un voyage attribué à la femme, se trouve confirmé dans plusieurs nouvelles de Dhôtel offrant une étroite relation entre un chemin isolé du paysage et la femme qu'elles présentent comme structure de leur écriture. Cela est particulièrement accentué dans la nouvelle intitulée « La Route ». Sur cette Route aux sortilèges variés, le héros ne pouvait écarter de son esprit « *la conviction que quelqu'un l'accompagnait* [...] *Il se souvint de la jeune fille rencontrée...* » (p. 3[16]).

Parce que cette femme est en elle-même *message* du par-delà du quotidien, elle demeure un être difficile pour ne pas dire impossible à déchiffrer. Même proche et bien insérée dans la réalité quotidienne comme une Jeanne Baldon dans *Nulle part*, elle est ressentie par le héros, rêveur de rêverie, comme étant celle qui toujours échappe; celle qui détient le secret pour apprivoiser les espaces, et suscite des poursuites désordonnées. D'une certaine manière, la femme-message sous ses diverses figures réécrit, comme le détail sous ses différentes formes, la lumière et la profondeur d'un immense et étrange nuage qui avait envahi le ciel/l'espace d'écriture de *Histoire d'un fonctionnaire*, ou si l'on préfère, la lumière et la profondeur d'un rêve unique qui préside secrètement au récit. De plus, il nous a semblé que la femme-message réécrivait dans la trame de l'histoire en train de se faire, certains mouvements, certains fragments de l'itinéraire tracé dans une *Illumination* de Rimbaud : « *Aube* ».

Il y aurait une lecture à « risquer » de l'aventure proprement dite qui se construit entre le héros et la femme-message ; lecture fondée sur la recherche de quelques échos, même lointains, de cette *Illumination* structurée elle aussi, sur un vagabondage où éclate et brille le détail, où se trace un chemin de dérive, se ménage une poursuite et se profile la possibilité d'une rencontre, ou plutôt d'une expérience fugitive mais essentielle. Cette lecture en quelque sorte orientée par celle de « *Aube* », peut permettre d'éclairer entre les lignes du texte dhôtelien qui bien souvent se réserve dans la litote ou dans une plaisante ironie, l'écriture d'un désir à la mesure de celui qui tenta de posséder « l'aube d'été ». *Nulle part*, *Histoire d'un fonctionnaire*, et bien d'autres récits de Dhôtel ne cachent-ils pas en fait une orientation qui ne serait autre que la tension profonde vers une impossible possession de « la déesse » — plénitude de lumière et de profondeur —? Le vagabondage n'aurait-il pas comme dimension véritable de créer un éveil? Ne pourrait-on pas faire dire à Florent : « *J'ai marché, réveillant les haleines vives et tièdes, et les pierreries regardèrent, et les ailes se levèrent sans bruit.* » (p. 140[25]). La « fenêtre plantée ou imaginée » ne serait-elle pas destinée à entraîner narrateur et lecteur sur une route qui embrasse les espaces, court tant horizontalement que verticalement, à la poursuite de la femme-message, et tend vers un sommet — la possession. Quel est le héros dhôtelien qui ne se murmure à lui-même : « En haut de la route... je l'entourerai avec ses voiles amassés »[26] ? Quant au détail, n'est-ce pas le don de son secret irremplaçable qu'il offre au « mendiant » de brins de beauté qui a su garder en lui, intactes, les puissances d'émerveillement attachées à l'Enfance : « *dans le sentier déjà empli de frais et blêmes éclats une fleur me dit son nom* » (p. 140[25]).

Ainsi dans le tissu de l'histoire qui compose le récit, se profilent les signes du rêve d'une « Aube d'été », expression du désir du Pays sans nom dont l'annonce serait une femme; cette femme-message dont l'apparition se trouve presque toujours liée à la figure d'une séparation (le canal, le pont, la grille, le mur...) qui est incitation au franchissement.

« *Aube* » : le récit d'une magnifique *prise* opérée par le rêve... et d'un silence irrémédiable : « *L'aube et l'enfant tombèrent au bas du bois.* » (p. 140[25])... Serait-ce là le sens de l'autre histoire qui constamment double le roman de Dhôtel? qui se tisse au moyen de distances, de détails, d'*éclats* d'une lumière d'aube qui s'effacent sur des « réveils » marqués par le sentiment de *midi* — « *Au réveil il était midi* »[27] — sentiment d'avoir touché un point d'intensité unique, d'éternité fulgurante, « sans ombre »; un point de résolution des dissonances où banalité et profondeur ne se différencient plus, mais aussi, le point d'extrême fragilité d'un accord qui porte en lui sa rupture.

l'ironie rêveuse

Si le texte de Dhôtel raconte et met en diverses représentations la distance et la dissonance, il prend lui-même ses distances avec son aventure en s'émaillant de traits — le plus souvent légers — d'une ironie apparemment verbale que caractérise l'inversion sémantique. Une phrase, une réplique, ou un mot se pare d'une dissimulation transparente. Cette ironie somme toute plaisante, qui appelle la connivence d'un sourire de la part du lecteur, est en réalité le faible reflet d'une ironie beaucoup plus subtile et opérante, inhérente à une écriture gouvernée par l'emprise d'un détail — qu'il soit appelé « débris » ou « brin de beauté ». Intégrée au déroulement dramatique du récit, cette ironie s'avère liée au discours métaphorique. Elle est le contraste éprouvé entre le message littéral et le message vrai du récit. Elle joue dans l'opposition entre les effets attendu et produit relatifs à l'événement fictionnel, ou plus précisément entre l'histoire attendue et l'histoire produite.

Une telle ironie se lit essentiellement dans l'écriture d'un décalage au sein de la trame événementielle qui charpente le récit. Il semblerait en effet que l'aventure se fasse et avance sous la mouvance d'éléments non prévus au programme de son élaboration, et qui s'imposent au narrateur d'une manière inexplicable. Il semblerait même parfois que le récit progresse en rêvant au plan perdu d'un *autre* récit. Le narrateur se trouve comme écartelé entre l'histoire qu'il raconte et une autre histoire qu'il pressent, dans la mesure où elle vient sournoisement interférer dans l'ordonnance normale des composantes du développement de l'aventure. Tout se passe comme si le récit du narrateur anonyme n'était que le prélude ou l'attente d'un récit qui vient de plus loin. Ne serait-ce pas d'ailleurs ce que Timard — le personnage qui, dans *Le Ciel du faubourg*, ne cesse de remettre en question toute histoire racontée — voudrait suggérer au lecteur lorsqu'il déclare avec assurance : « *Je sais attendre les paroles et reconnaître celles qui viennent de plus loin que les autres.* » (p. 105[28]). Poursuivre dans les mots d'un discours « proche », ceux d'un discours qui vient de plus loin, revient à créer dans l'espace de l'histoire qui se fait, le champ de tension propre au travail d'une ironie qui ne serait pas sans rapport avec cette « *ironie rêveuse d'un paisible et réel désarroi* » (p. 67[18]) à laquelle, nous dit l'auteur de « Littérature sauvage », se trouve livré le lecteur de poésie.

Déjà dans le titre de chacun des deux récits qui nous occupent plus particulièrement — *Nulle part* et *Histoire d'un fonctionnaire* — une ironie rêveuse se trouve présente, et va s'infiltrer jusque dans les premiers mots de l'incipit. Elle désigne un récit qui prend ses distances avec un projet initial, qui ne répondra pas directement à ce qui l'annonce. La mise en abyme du contenu qu'offrent le titre et l'incipit plus ou moins traditionnels, se trouve ainsi déjouée. *Nulle part*, cette expression signifiant *en aucun lieu*, titre un récit apparemment structuré sur des itinéraires déterminés de colporteurs et de contrebandiers... mais ne s'agirait-il pas d'une *part nulle* de ces itinéraires qui demeure ouverte à l'attente de ce qui doit venir de plus loin ? Et les premiers mots de l'incipit : « *C'est toujours la même chose* » se plaisent à induire en erreur ; dans ce *même* s'insinue l'ironie rêveuse, car c'est précisément cette *même* chose qui donnera à lire d'*autres* choses venant de plus loin. *Histoire d'un fonctionnaire* titre un récit structuré sur ce qui nie le fonctionnaire chez un professeur-adjoint audacieusement rêveur... Ne s'agirait-il pas plutôt de « Un fonctionnaire pris au piège d'une autre histoire » ? Et l'ironie rêveuse n'est-elle pas présente dans ce « *Il y avait une fois* » par lequel commence l'incipit ?

L'ironie rêveuse fait dépendre d'*ailleurs* l'*ici* du texte. Elle construit des moments de sublimation de la banalité, tel celui où, dans *Le Ciel du faubourg*, « *la rue des Freux semble située sur les bords d'une étendue immense comme la mer, et où l'on oubliait qu'elle était parfaitement encaissée et bornée* » (p. 81[28]). L'ironie rêveuse préside à l'instant enchanté où nous percevons un *intervalle* entre le paysage vu et ce qu'il est, où comme le remarquait Paul Valéry à propos précisément de l'instant enchanté « *le mot Réel devient un mot magique, où ce qui est naturellement réponse se fait question* » (p. 575-6[13]). L'ironie rêveuse confère à n'importe quelle histoire si commune soit-elle, la virtualité d'engendrer ce moment prodigieux bien difficile à saisir et qui met en jeu les événements. Elle contribue à ce que le réel se raconte comme terrain d'une énigme et, à la limite, comme terrain de l'impossible, de l'incroyable ; à ce que le réel soit en quelque sorte le terrain d'appareillage ou un Domaine immense qu'on se plaît à dessiner dans l'imaginaire.

Il semble bien que la particularité essentielle et dynamique de l'écriture de *Nulle part*, réside dans le fait que ce récit s'écrit en se déniant en ne se prenant pas au sérieux, parce qu'il n'est que reflet d'un autre récit à prendre au sérieux qu'il faudrait déchiffrer entre ses lignes. Le « sérieux » serait peut-être à rechercher dans la partie du récit où l'ironie rêveuse se déchaîne, en composant toute une mise en abyme caricaturale des éléments constitutifs de la fiction ; car on ne manquera pas de remarquer que cette mise en abyme s'avère passablement transparente à une tentation déraisonnable du Pays sans nom. Elle exhibe le besoin de « voir clair », l'urgence « d'éclaircir la vue », de la rendre apte à un regard qui saurait capter le « Domaine » étrange dans la transparence de l'espace familier ; qui saurait lire dans l'épaisseur du signifiant *banal*, des signifiés tels que *le lointain*, *l'immense*, *le silence*, *le sauvage*....

L'ironie rêveuse frappe, oserait-on dire, le héros de *Nulle part*. Que peut-il faire en effet, sinon du *commerce* avec le rêve. Fabricant et vendeur de dioramas, il offre au passant, au lecteur ses appareils à vues, des « fenêtres » qui ménagent d'incomparables distances : « *des avenues rectilignes dans un relief ensoleillé* » (*NP*, 256) : « *Regardez, disait-il* [...] *les contrées où vous ne pouvez pas aller. Dites-moi si vous ne désirez pas au moins les sentir dans cet éclairage breveté qui vous les montre presque vivantes.* » (262-3). Dans le vendeur d'objets d'optique, dans son bavardage qui commercialise le rêve, et dans « l'éclairage breveté » sur des contrées inconnues qu'il propose, ce sont les éléments de structure du récit qui semblent tournés en dérision, comme d'ailleurs ils le sont dans le texte de la pancarte-réclame rédigé en trois graphies différentes. Le titre, en gros caractères « Le monde extra-lucide »; puis le moyen d'expression, en lettres géantes qui provoquent, « La pâte anti-buée »; enfin la tentation de l'ailleurs, en caractères italiques qui poétisent : *Le monde vous regarde avec ses lumières* (258). Mais, sous-jacente à la dérision, ne faudrait-il pas lire l'impossible entreprise de l'écriture qui voudrait s'instituer en tant que « éclairage breveté » sur un Pays sans nom? « *C'est du bluff pur et simple* », déclare Jacques. Soit... pourtant à ce « bluff » il ne faut pas manquer d'être attentif, car c'est *aussi* une ironie qui rêve... et ce faisant, appelle autre chose d'important, par-delà le message trompeusement caricatural.

Des réflexions du genre : « tout allait de travers », « décidément tout se perdait mieux que jamais », rythment le développement du récit *Histoire d'un fonctionnaire*. Le narrateur désespérerait-il de mener à bien son histoire? à moins qu'il ne se réjouisse qu'une autre histoire fasse sournoisement son chemin, dans la lente déroute des lieux et des personnages à partir desquels il avait structuré son histoire. En effet, l'aventure d'écrire se réfléchit aussi bien dans les enquêtes soigneusement réfléchies et menées par le personnage de Georges, que dans les rêves désordonnés et démesurés de Florent.

À Georges qui élabore une méthode pour que puisse se constituer une trame romanesque dont chaque étape se doit d'être prévue minutieusement, Florent oppose son refus de tout schéma de structure : « *Je ne veux pas de roman* » (*HF*, 106). À ce refus catégorique exprimé par son personnage principal, l'auteur-narrateur éprouve le besoin d'apporter un bref commentaire : « *Il ne voulait pas se glisser dans un roman, ni renoncer à sa façon précaire de vivre et de penser* » (113). Une telle résistance au « trop bien établi » ne serait-elle pas en fait l'aveu à peine déguisé, de l'existence de la force d'attraction sur le héros et, à travers lui, sur l'auteur, d'un autre récit à faire ; ce récit tracé dans le mirage d'un Pays sans nom, venant fausser les données fixées, tirant l'histoire hors des catégories, hors des genres reconnus. On remarquera d'ailleurs, que cet aveu se répète dès le début de la deuxième partie de l'histoire : « *En vérité Florent s'intéressait à autre chose dont il n'arrivait pas à préciser le sens.* » (205), et se confirmera lorsqu'il nous est dit que Florent « *ne pouvait vivre que dans un conte tout à fait déraisonnable mais nécessaire* » (221) ; Florent qui « *patauge dans des images dont il cherche à se dépêtrer* » (132), tout en demeurant sûr de trouver *son chemin* dans cet égarement.

« Un conte déraisonnable » ? Serait-ce celui qui refuse l'élaboration d'une quelconque sagesse ? qui se compromet avec la légende dans la mesure où, profondément enraciné dans le monde du quotidien dont pourtant il conteste l'ordre et les lois, il vit de la possibilité que les choses trop bien connues soient autres... Mais « un conte déraisonnable » pourrait également se définir comme une sorte de texte fantastique que construirait l'ironie rêveuse — un fantastique d'une nature particulière puisque fondé sur la merveille, et entretenu par une dynamique du mensonge. En effet, le conte déraisonnable qui ne cesse de tenter Florent et de le distraire de son rôle de « professeur-adjoint », tire son pouvoir de fascination du soupçon voire de la menace engendrée par on ne sait quelle merveille qui se mêle à l'habituel et banal réseau des intrigues provinciales (*HF*, 173). La facture du conte déraisonnable tient à la structure de la vie quotidienne rompue par un élément de cette vie même, qui fait *merveilleusement* saillie jusqu'à devenir aberrant, inquiétant.

On constate qu'une dynamique du mensonge inscrit, dans le récit, la force débridée des imaginations — celles mêmes de l'auteur qui se traduisent dans le génie de la fabulation propre à plusieurs de ses personnages. À ce sujet, n'est-ce pas significatif que le narrateur de *Lorsque tu reviendras* avoue à son lecteur : « [...] *nous nous livrons à des imaginations et en réalité nous ne pouvons plus jamais aller que de mensonges en mensonges dans l'espoir de percevoir un éclat essentiel et soudain. Quel éclat ?* » (p. 54[29]). Or cette dynamique du mensonge se concrétise en une chaîne d'énigmes, véritable ligne de force qui traverse le texte en en créant le désarroi. Énigmes et mensonges mènent en fait un jeu complémentaire. L'énigme dit sans doute quelque chose de vrai mais exprimé de façon à ce que cela paraisse totalement impossible, et que l'on ne parvienne pas à en formuler la vérité. Et c'est précisément cette impuissance qui entraîne la nécessité de construire des solutions à partir de mensonges réussis. Ainsi dans *Histoire d'un fonctionnaire*, le prétendu bijou de famille perdu et qui représente une rose, s'érige en une énigme incitant des fabulations de tous genres. Dans la mesure où l'énigme forgée dans et par le récit, recouvre un autre sens que celui qui se présente, dans la mesure où elle excite les imaginations et suscite le désir des contes, elle tient de l'ironie rêveuse. Par elle, une écriture de la désorientation et du malaise — donc de facture fantastique — met ses pas/ses mots dans ceux de la narration de l'histoire d'un fonctionnaire.

Le jeu complémentaire de l'énigme et du mensonge morcelle et disperse la fiction en fables ingénieuses certes, mais qui n'en sont pas moins déroutantes. L'histoire se raconte au rythme de l'exacerbation grandissante du désir du héros d'aller plus loin avec le désarroi de ce « roman », de retenir et de déchiffrer *son* histoire qui lui échappe. Tout ce travail de l'ironie rêveuse excite le désir du lecteur de poursuivre sa lecture en la devançant, fasciné qu'il est par un texte qui, en quelque sorte, se piège lui-même.

L'élément de rupture inhérent au fantastique que construit l'ironie rêveuse se caractérisait donc par son pouvoir d'inviter à la divagation, d'une manière quasi irrésistible, le héros en qui se projette l'auteur-narrateur — comme nous l'avons déjà souligné à plusieurs reprises — et à sa suite le lecteur. Cet élément de rupture greffe quelque pousse d'un conte déraisonnable dont les fables ingénieuses ne seraient que les faibles reflets annonciateurs, sur la trame romanesque en train de se développer : « *comme si une parole venue du dehors pénétrait en vous et vous disait simplement :* il y a, *ou bien* il y avait, *peut-être* il y avait une fois. *Alors c'était une histoire à suivre.* » (*HF*, 132). Le fantastique entre en scène au moment où, dans le procès du roman, l'auteur semblant s'être laissé distraire par un « presque rien » de son texte qui fait *merveille*, laisse son héros — rêveur de rêverie — trébucher sur une vérité du quotidien qui se colore en énigme.

L'histoire s'égare par des « illuminations » qui appartiennent en propre au personnage principal, Florent. Elle dévie dans l'espace d'une transgression du quotidien, et d'une sorte de trahison du banal rassurant : « *La vérité, c'étaient des rêves et des mensonges incessants.* » (*HF*, 257). Ce sont les fabulations qui deviennent la vérité du quotidien, et l'histoire à suivre — « l'étonnante affaire » que l'on pressent — se trame secrètement à partir de tous ces faux-pas qui sont autant d'expressions d'une ironie rêveuse à laquelle le lecteur, à la suite du héros, se trouve enchaîné. On est incité à penser que l'ironie rêveuse engendre une subtile parodie de l'acte d'écriture et du travail de structuration du récit. Elle les montre reflétés et racontés dans la démarche vagabonde livrée au hasard de la *merveille*, du personnage principal qui s'attache aux fragments d'un récit *à côté*, et s'institue le héros de ce qu'on oserait appeler un contre-récit. Dans cette discrète et parodique mise en scène, se développe une réflexion sur la démarche créatrice d'un roman qui s'inscrirait dans l'écriture systématique de l'écart.

L'ironie rêveuse nous apparaît comme le véritable stimulant d'un texte tendu vers celui, en blanc, d'un Pays sans nom. Elle pourrait s'apparenter à une « logique imprévue » d'après laquelle s'établirait la structure profonde du récit. Rien d'étonnant alors à ce que le lecteur sensible aux sortilèges d'un texte, se voit pressé d'abandonner un mode de lecture « raisonnable », pour errer, divaguer, trébucher à son tour avec le héros, en se laissant porter par un conte déraisonnable à deviner, à faire sortir de l'ombre ou de l'envers de « l'histoire d'un fonctionnaire ». Lire une telle histoire revient en effet, à y poursuivre les données dispersées de ce conte. Aussi le lecteur a-t-il l'impression d'être invité à continuer l'histoire, c'est-à-dire à se faire conteur d'un Pays dont il rêvait sans le savoir (p. 46[29]), d'un Pays sans nom dont *Histoire d'un fonctionnaire* menée à l'envers par l'ironie rêveuse qui l'électrise, aurait ouvert le chemin, suggéré le passage.

Ce passage vers lequel le lecteur se sent entraîné, pourrait s'entendre dans le sens des brouillards chinois qui, nous dit le narrateur de *Lorsque tu reviendras*, ne signifient pas tant un attirant lointain que « *l'approfondissement de ce qui semble à la fois exister et ne pas exister* » (p. 65[29]). S'agirait-il d'un fragment du grand Silence de l'origine? On serait tenté de penser que le lecteur est pour ainsi dire *tiré* dans sa lecture, par une sorte d'image — ou si l'on préfère de vision — en dehors de tout tracé défini, que l'écrivain n'aurait cessé de porter en lui, c'est-à-dire de se laisser porter par elle, lorsqu'il composait son récit ; une image indescriptible qui prendrait la dimension d'un projet à risquer dans et par-delà l'écriture de l'histoire.

« *Oui* », nous dit le narrateur de *Lorsque tu reviendras*, « *il y avait un suspens dans ces brouillards chinois* » (p. 60[29]) ; oui c'est bien un *suspens* que maintient l'ironie rêveuse dans le texte. En définitive, ne résiderait-elle pas dans une double focalisation du récit, sur ce qui semble à la fois exister et ne pas exister, sur le réel quotidien et banal et sur le *passage*. Véritable ressort d'une écriture qui dit *ce qui est* en visant ce qui est *autre*, l'ironie rêveuse détermine ainsi un mode de fonctionnement profond du texte, traduit en surface par une désorganisation, un désarroi de la trame romanesque. Il s'agirait d'une structure centrée sur un Pays sans nom, d'une composition dont le centre de gravité serait une énigme essentielle. Il s'agirait d'une écriture dont les divers éléments sont pris dans la mouvance du désir inapaisable de résoudre cette énigme essentielle : « *C'était le rêve même d'un monde incompréhensible et dont on ne peut plus se détacher parce qu'on éprouve le désir inapaisable de résoudre une énigme essentielle.* » (p. 107[29]).

l'éclat

C'est dans un roman qui se fissure en pistes vaines et s'éparpille en contes, que s'affirme paradoxalement une unité profonde autour d'une « chose » suspectée d'exister et d'être essentielle, dans les données de l'histoire qui se joue du héros : il y avait « *une sorte d'image qui n'avait pas de nom* » à saisir (*HF*, 259).

Ce que cherche inconsciemment Jacques dans son bric-àbrac en construisant des kaléidoscopes à partir de débris collectionnés, ce sur quoi mise Florent avec son jeu de tarots (son nuage, sa fleur, son coucher de soleil...), ce n'est pas différent de l'image qui fascine Antonis, le héros de *Lorsque tu reviendras*. Dans un morceau de rivage bordé par une mer immobile, ressentie « nulle », et pourtant terriblement vivante, se profile une image : « *Il s'agit d'une simple image* [...] *l'image d'une fatale déperdition* » (p. 61[29]) ; c'est une sorte d'image qui n'a pas de nom, et fait divaguer ce qui devrait être nommable : lieux et personnages sur lesquels se bâtit le récit.

L'image qui n'a pas de nom se recouperait-elle avec le bizarre sentiment d'un manque informulable que l'on voudrait apprivoiser, ou tout du moins circonscrire dans une image à *voir*, à *lire*, pour laquelle faute de mieux, on ne peut qu'imaginer et tenter des esquisses ? Une esquisse retiendra particulièrement notre attention, dans la mesure où il nous a semblé qu'elle portait en elle, les traits marquants des autres esquisses rencontrées dans les récits qui nous occupent. Sur elle, s'achève la nouvelle intitulée « La Route » :

> [...] ils eurent le violent désir et la chance inégalable de découvrir ensemble CERTAIN LIEU IMMENSE qu'ils cherchaient, livré on ne sait par quel miracle aux RUPTURES DE NOTRE ESPACE FAMILIER et dont les intervalles aberrants les portèrent à des rencontres SANS NOM, au-delà de ce qui est proche ou lointain. (p. 11[16])

L'esquisse fait signe à des fantasmagories de la nature et du familier où se nient la délimitation, l'enchaînement, le sens (dans les deux acceptions du terme) et la désignation. En fait ce qui s'esquisse ce serait plutôt une effraction de la réalité qui prend la forme d'appréhensions d'un en-dehors, ou de quelque scandale imminent qui « *se jette à la face* » (*HF*, 219) du rêveur de rêverie : « *Qu'y avait-il d'autre en ces vues* [sortes d'illuminations] *sinon de l'espace, une sorte d'espace inconnu.* » (221).

L'en-dehors qui se manifeste dans ces moments d'intense écart du familier, serait comme une sorte d'envers profond de la réalité familière, comme si le réel se retournait en un espace sans visage ni forme : celui d'une impossible vérité. Si l'on voulait définir ces fantasmagories, il faudrait parler de féeries du manque, de moments où la réalité rend éblouissant son mensonge, à cause d'une pensée incompréhensible « *venue d'ailleurs, qui s'abat sur vous* » (p. 4[16]) : « *Alors il constatait que le mensonge ou l'illusion était dans cette nature elle-même, dans l'herbe, les cailloux, les collines. Ce qui rendait le paysage ensorcelant c'était l'évidence même de son mensonge.* » (p. 165[29]), de son mensonge, c'est-à-dire de son pouvoir d'enchantement émanant de cet envers profond, de ce manque insensé. L'intense écart du familier fait mentir celui qui se livre à son sortilège; celui qui, recréant des perspectives aberrantes, devient poète d'un manque ressenti à l'excès qui se dirait en terme de moments mystérieux. On ne peut s'empêcher de penser à cet autre poète du moment mystérieux, Victor Segalen, dont certaines réflexions apparaissant dans son *Essai sur le Mystérieux*, trouveraient un écho dans le mode d'appréhension du réel chez Dhôtel. D'ailleurs Dhôtel n'est-il pas de ceux qui savent regarder un peu de côté le « si naturel », le « trop naturel »; de ceux pour qui les bons et rassurants phénomènes familiers sont autant de questions irrésolues, et de virtualités fantastiques. Dhôtel pourrait fort bien s'apparenter à ces « poètes, savants, fous » qui, nous explique Victor Segalen, s'efforcent de violer l'obscurité.

Les réflexions — qui prennent souvent la forme de divagations — que l'auteur de *Lorsque tu reviendras* prête à son personnage principal, Antonis, font ressortir le vrai et l'illusion comme les manifestations complémentaires d'une même réalité, ou si l'on préfère comme un envers et un endroit indissociables qui s'affirment l'un par l'autre. Or, cette relation entre le vrai et l'illusion peut se mettre en parallèle avec la relation entre le banal et l'étonnant que Victor Segalen, dans son *Essai sur le Mystérieux*, explicite au moyen d'une image particulièrement suggestive :

> Ces deux mondes, — le banal et l'étonnant, le clair et l'obscur, le connu et l'inconnaissable, ne sont que l'avers et le revers frappés en même temps aux deux faces de l'existence, et qui, partout unis sur le pourtour de la médaille, enchaînés par la circonférence indéfinie qui les unit et les limite, entrent incessamment en conflit. — Et ce conflit, on le nommera : le Moment Mystérieux.[30]

Ce que Victor Segalen nomme le *Moment Mystérieux* n'est pas sans rapport avec ce que Dhôtel nomme *l'intervalle aberrant*, car il s'y engendre et s'y exprime une même sensation d'exotisme.

Ne serait-ce pas cette même sorte de relation entre le banal et l'étonnant qui joue dans ce que Antonis définit comme étant le *mensonge éblouissant* de son rivage, de son coin de mer étale, d'une indifférence désolante où il n'y a rien qui puisse prendre figure, et qui pourtant ne cesse d'affirmer l'événement, *l'éclat* à reconnaître. Mais cet *éclat* ne peut être saisi, *lu*, que par celui qui ressent la nécessité d'un profond abandon ; que par celui qui, à l'instar d'Antonis, de Florent, de Jacques, ne vit pas en courant la « vie courante », et se trouve intérieurement en état de conflit avec ce qui se vit, se pense, s'admet communément autour de lui. L'*éclat* du rivage d'Antonis exprime un fragment du pourtour de la « médaille » où le conflit entre le banal et l'étonnant affleure plus intensément, et se prête à des fantasmagories ; où le mensonge éblouit. Mais il faut insister sur le fait que le conflit exprimé dans le texte de Segalen en terme de *Moment Mystérieux*, ne peut vraiment rendre compte de la signification du *mensonge éblouissant* que s'il est interprété dans le sens d'une entrée positive en discordance; que s'il a le pouvoir d'inciter à reconnaître la présence d'une « *réalité inaliénable en dehors de toute idée du vrai et du faux* » (p. 166[29]) — celle précisément de l'*éclat*.

Il s'agit d'une perception de l'ordinaire dans laquelle se réalise l'alliance d'une vision enivrée avec un regard avisé — sans doute ce que métaphorisait la « fenêtre plantée ou imaginée » sur la distance. Une telle perception soulève des débris de lumière enchâssés dans la réalité familière, et provoque l'*éclat*. Débris de lumière avons-nous dit, car il s'agit de fragments d'une intensité détachée de sa source, pour laquelle il serait vain de se poser la question du proche ou du lointain, du situable ou de l'insituable. C'est un *éclat* signifiant tout à la fois le brisé et le reflété. Or, cette deuxième acception du terme, le reflet lumineux, implique la divergence et l'idée d'un angle d'ouverture s'ouvrant indéfiniment sans rien saisir. Qu'on nous permette ici, à la manière bachelardienne, de laisser vivre la « charge » d'image de l'*éclat*, de l'exagérer quelque peu... Un rayon du banal se réfracte en un rayon de l'étonnant au point de rupture du paysage; l'écartement de l'angle fait alors brusquement retour sur lui-même, et confère au point de rupture la valeur illusoire d'un point de convergence éblouissant — tel était en fait le détail et sa force d'impact.

Il s'agit donc essentiellement d'une façon de *voir* la dissonance comme ce morcellement si sensible à Florent : « *Le monde lui apparaissait fait de fragments disparates* » (*HF*, 34). Florent, figure du poète, ressent un morcellement inhérent à un monde qui porte la marque d'un manque; un monde dont se perçoit le *défaut*, mais « *dont on ne peut dire de quoi il est le défaut* » (p. 175[29]), comme le constate Antonis, autre figure du poète, lorsqu'il *voit* non plus la mer égale et profonde recéler quelque secret, mais le suspens créé par l'eau soulevée engendrant des milliers de gouttes rejetées. Le poète *voit* une discontinuité, une absence d'enchaînement qui, paradoxalement, n'entre pas en contradiction ni avec l'unité ni avec la totalité. Le *défaut* somme toute s'avère positif : il oblige à reconnaître « *la nécessité de toutes ruptures en soi comme alentour* » — ruptures qui seules peuvent mettre en contact avec une vérité criante qui n'est pas à définir.

Sur la nature de cette vérité, pourtant, le narrateur du « Regard sur la lande » s'interroge : « *Qu'avaient-ils vu ?* » (p. 41[14]) — *ils* : Antonis et Angeliki, les personnages de *Lorsque tu reviendras*, se retrouvant dans cette nouvelle qui pourrait être considérée comme l'épilogue au roman. « Qu'avaient-ils vu ? » Mais la question à peine formulée, apparaît vaine et non avenue ; elle exclut toute réponse, aussi le narrateur s'empresse-t-il d'ajouter : « *Voilà justement ce qu'aucun poète ne pourrait exprimer et que tout le monde jugerait inexistant.* » S'agirait-il de « *l'image qui n'a pas de nom* » (*HF*, 259) qui obsédait Florent ? une image ou une simple façon de *voir* la réalité familière comme une « *lande désarticulée* » (p. 40[14]) ? de *voir* le « surgir » dans les failles du quotidien, et non pas le surgissement qui pourrait se décrire même maladroitement, et donc se limiter aux connotations d'élan, de naissance. Sur le « surgir » il n'y a rien à dire ; il s'éprouve : « *Il fallait s'y perdre dans la non-explication qui est comme le ciel noir des nuits claires et n'exprime que ce qui est plus loin que tous les lointains.* » (p. 42[14]). Le « surgir » tel que l'exprime cette similitude, nous mènerait-il au Pays sans nom de Dhôtel ? Le passage serait une façon de *voir*, de *lire* « *le ciel noir des nuits claires* » qui n'est rien que profondeur indéfinie, transparence nulle et vibrante : rien qu'un « surgir ». Ce serait une façon de dire par le truchement d'une distance, d'un détail, d'une dissonance racontés et mis en scène, un *fait* poétique au sens fort du terme. Le lecteur se trouve tiré hors de son langage aux limites rassurantes; il est mis à l'écoute en quelque sorte, du cri de Rimbaud retentissant dans le banal qu'il disloque : « *Nous ne sommes pas au monde* [...] *la vraie vie est absente.* » (p. 103[25]). Le lecteur peu à peu se sent concerné par un « regard enfantin » souvent égaré (celui de Jacques, de Florent, d'Antonis...) : le regard de Rimbaud « *qui cherche cette percée où s'annonce ne fût-ce qu'un instant le reflet prodigieux de l'inconnu, d'un débris de l'inconnu* » (p. 19[21]). Il devient participant de ces « moments enfantins », brusques décentrements de l'expérience quotidienne, que le poète Yves Bonnefoy cherchait à expliquer ainsi :

Tout à coup quelque chose d'inusuel déchire de sa violence le réseau des catégories que tissent autour de nous les pseudo-évidences de notre vie ordinaire. Ce sont des saisissements qui nous laissent pénétrés d'une énigme, et l'on va vouer sa vie à la question qui s'est déployée alors.[31]

« moments enfantins » qui déterminent une écriture poétique.

Le Pays sans nom de Dhôtel? un poème de l'*éclat* dispersé dans son roman; un poème dont les fragments enchantent le récit, et l'informent en une histoire qui ne cesse de diverger sur un *conte déraisonnable*... une histoire à l'envers que tente une « splendide ville ».

Quand la lecture s'achève, le lecteur qui s'est laissé prendre au jeu de tous ces « chiffonniers », rêveurs de rêverie, a le sentiment d'avoir lu/vécu quelque légende d'un chercheur d'or, composée au cœur d'un quotidien en dérive. Il a le sentiment d'avoir parcouru les sentiers de tous les jours comme des routes aux multiples reflets qui vous égarent. Aussi demeure-t-il pénétré par ces récits qui l'ont fait entrer dans une veillée tout à la fois familière et étrange, où il se fait et se défait des contes qui n'ont d'importance que parce qu'ils maintiennent sur le seuil « *d'un pays de nul chemin* » (p. 186[32]), dans l'attente « *que vienne celui de nulle part* ». Alors le lecteur se surprend à murmurer pour lui-même, cette brève incantation reconnaissant la magie du créé, que composent les derniers mots de *Histoire d'un fonctionnaire* : « *C'est ainsi, Seigneur, qu'en passant* S'OUVRENT LES JOURS. » (*HF*, 386).

II

JULES SUPERVIELLE
ET LE TRACÉ D'UN TRAIT D'UNION

AVEC les récits de Dhôtel, un conte déraisonnable faisait perdre pied à l'histoire... et à la lecture ; il ne cessait de suggérer sans le raconter un « pays de nulle chemin », pays de l'*éclat* qui imposait sa magie. Un tel conte n'était pas à lire, mais à deviner, à imaginer et à constituer entre les lignes de l'histoire écrite. Il s'éprouvait avec une intensité grandissante au fur et à mesure qu'avançait la lecture du roman. Or, le livre à peine refermé, il peut arriver, et ce fut notre cas, que cette magie persistant entraîne le lecteur à s'interroger sur l'existence possible d'un conte écrit où le seuil du « pays de nul chemin » constituerait, à lui seul, l'histoire, en étant l'unique point de gravitation d'une invraisemblable aventure — autant dire trouver un conte déraisonnable à lire. C'est alors qu'un nom surgit à l'esprit : Supervielle et ses contes hors des catégories bien définies, contes singuliers d'un poète qui avoue : « *Ce qui m'intéresse, c'est le moment où* "*ça décolle*". *Je reviens d'ailleurs volontiers à la terre, pour la quitter à nouveau.* »[33]. Ne pourrait-il pas y avoir quelque relation entre « le moment où ça décolle » et un désir inavoué du Pays sans nom ?

À propos des *mots essentiels*, nous citions la réflexion

d'Henri Bosco : « *Les dieux ont déposé dans les contes, les secrets du monde visible et invisible* »[34]. On imagine sans peine Supervielle donnant une définition similaire du conte. Qu'il ait été attiré par de tels secrets semble évident; mais à une différence près que ces secrets il les voulait *communs* aux deux mondes, formant un dess(e)in invisible sans doute, et pourtant bien réel comme une jointure possible entre ces deux mondes. C'est précisément sur la tentation de faire exister une telle jointure que nous a semblé se fonder l'écriture des contes déraisonnables de Supervielle; car *déraisonnables* ils le sont.

Le texte de Supervielle porte en lui un écart, voire même un défi discret, par rapport aux conventions attachées au conte en tant que forme littéraire populaire. En effet, bien que l'on puisse y discerner l'expression fondamentale d'un désir ou d'un manque entraînant le héros dans une aventure où se succèdent épreuves et obstacles, le conte de Supervielle résiste, en ce sens que sa structure et son mode d'écriture répondent à une exigence profonde d'un ordre autre; ils visent à mettre en représentation une « sagesse » qui n'a pas en soi valeur de discernement, mais reflète en même temps qu'un sens aigu du drame de l'existence, la quête assoiffée d'une révélation, c'est-à-dire d'une lumière à projeter sur ce drame.

L'exigence profonde à laquelle répond le conte de Supervielle sollicite le lecteur; il la pressent sans pouvoir la définir exactement, dans un espace d'écriture hanté par un reflet réciproque qui n'arrive pas à se fixer, entre ce qu'on dit être un *vivant* et ce qu'on dit être un *mort*. Or faire de ce reflet mouvant et à bien des égards désespérant, la charpente d'une histoire, revient à demander à l'écriture de braver, sinon de nier, par ses inventions, la déchirure irrémédiable entre vivant et mort, aussi bien d'ailleurs que l'insupportable rupture entre possible et impossible, réel et irréel, humain et divin. C'est, en d'autres termes, demander à l'écriture de creuser entre ces antagonismes, une sorte de zone frontière d'échanges et de résistances imaginés. Aussi, à cause de ce reflet, sommes-nous incitée à penser que le conte de Supervielle pourrait se jouer selon une clé significative de schémas d'images, dont la forme et la position au sein du texte présenteraient un rapport avec celles du trait d'union. Faut-il rappeler la mission que s'attribue le poète — « forçat innocent » — « *Je rapproche la mort et la vie un moment* » (p. 29[35]) ? N'est-ce pas vouloir faire exister un *moment d'écriture* où essaie de se tracer, de « vivre » un trait d'union autour duquel s'ordonneraient les composantes d'un conte ? Il se pourrait que nous touchions, dans ce *moment* raconté, une sorte d'emblématisation du passage vers le Pays sans Nom propre au poète. Cette hypothèse nous invite à poursuivre dans les contes de Supervielle, des tentations, des figurations possibles d'un trait d'union qui « rapproche la mort de la vie un moment » ; cela sans perdre de vue qu'il s'agit essentiellement de *moments poétiques* qu'il nous faut apprendre à rencontrer, à expérimenter à travers une lecture qui se donnerait pour tâche d'en épeler les sortilèges.

des carrefours errants

« *Ce sont mes yeux qui transposent* » (p. 82[10]) avoue le poète de *Débarcadères* ; et dans un des premiers poèmes de *Gravitations*, on retrouve le même aveu : « *Caché derrière un peu de nuit / [...] Je guette avec mes yeux d'hommes* » (p. 102[10]). Les yeux du poète-conteur qui guettent, transposent, sont à l'instar de ceux d'un de ses personnages, la jeune fille à la voix de violon, *un peu trop larges*. Ils s'accordent à une dérive qui sournoisement se forme au sein de la réalité. Ce sont les grands yeux étranges, ouverts sur la nuit, qu'interroge le poème « *Saisir* » ; des yeux qui seraient comme l'équipage d'un vaisseau sans mâts, pour reprendre l'image apparaissant dans ce même poème.

Dans un regard guetteur de la réalité qui s'égare et soudain s'irréalise en une situation éminemment étrange dont elle serait l'origine, et qu'elle semblerait avoir entretenue et exacerbée en son sein; dans un regard scrutateur qui se fascine lui-même, prennent forme les premiers mots de chaque conte de Supervielle. Aussi l'écriture de l'incipit faisant signe à cette situation étrange, est-elle empreinte d'un étonnement contenu — telle la litote d'une angoisse profonde —; un étonnement qui se traduira dans « L'Enfant de la haute mer », « L'Inconnue de la Seine », « Les Suites d'une course », par une interrogation formulée directement ou indirectement, restant sans réponse, ouverte sur l'aventure qui s'amorce comme un appel anxieux, une attente tendue. Les éléments donnés en ouverture sont marqués d'une légère indétermination concertée; ils ne constituent pas tant un programme de lecture qu'une atmosphère de lecture.

En lisant l'incipit le lecteur a l'impression que le conte s'élabore sur le prolongement d'un événement pris dans le silence d'un avant-texte. En effet, malgré la facture des premières lignes d'apparence somme toute assez conventionnelle, on n'a pas vraiment le sentiment d'une histoire qui commence, mais plutôt d'un tableau, ou d'un fragment de scène qui s'est détaché, on ne sait pourquoi, d'un spectacle qui, lui, échappe dans son ensemble. Ce serait une sorte de vision qui se met à jouer, à faire histoire. Au *Il était une fois...* réjouissant l'imagination du lecteur en lui assurant le seuil d'un merveilleux, s'est substituée une question qui, nous semble-t-il, fonde l'acte d'écriture du conte de Supervielle; précisément la question qui s'inscrit dans les premières pages de « L'Enfant de la haute mer », et qui résume en elle tout l'incipit : « *Comment se faisait-il... ?* » (*EM*, 8), question qui entraîne le lecteur dans la quête d'un *savoir*, et fait de *l'incompréhensible* l'enjeu du conte.

« Comment se faisait-il... ? » — cette question primordiale, qu'elle soit exprimée ou suggérée par l'incipit du conte, s'avère le véritable coup d'envoi de l'acte de raconter. On imagine le conte se formant dans l'espace des trois points de suspension dans lequel retentit la question, qu'il faudrait lire comme le tracé du rappel d'un espace évoqué par le poète de *Gravitations* : celui où se fait entendre « *le piétinement de la vie et de la mort qui troquent leurs prisonniers* » (p. 141[10]) ; celui où le poète-faiseur de contes croit *voir* surgir et se déployer des « *carrefours errants* » qui appellent des mots pour se dire, qui suscitent des images pour se mettre en récit.

De fait, dans la plupart des cas, le lieu de l'aventure/de l'écriture du conte adopte les caractéristiques d'un « carrefour errant ». Bien que géographiquement défini et désigné dans le texte, ce lieu stipule une réalité terrestre complètement livrée à des forces incontrôlables qui la rendent errante. Le Haut-Atlantique, la Pampa, la forêt d'Arizona, aussi bien que la Seine ou la piste des courses d'Auteuil, sont des paysages supports de l'expression d'une conjecture fatale où se croisent des solitudes, où des événements trament en eux l'ordinaire avec l'extraordinaire; où se rencontrent une extrême présence et une extrême absence du Réel. Ce sont autant de paysages donnés comme signifiants de zones où « errent la vie et la mort ». Ce que le lecteur retient de ces paysages ce n'est pas tant leur nom les situant géographiquement, que des formes sans nom de gouffre, de courant, d'étendue inexorables d'où émane une irréalisation menaçante.

Ainsi le poète attribue-t-il à son conte un lieu de base qui se définit essentiellement en termes de distance, de profondeur et de mouvance. L'histoire s'enchâsse dans une réalité prise au piège de l'illimité et de l'insondable. Et l'aventure que peut-elle être ? sinon celle du vouloir désespéré d'apprivoiser le « carrefour errant », de substituer au « troc des prisonniers de la vie et de la mort » qui s'y développe, une alliance *vivable*, comme une sorte de réconciliation entre la vie et la mort. Aussi l'image du tracé d'un trait d'union qui s'essaye dans l'espace même du « carrefour errant », va s'imposer et s'avérer déterminante de la composition de l'aventure.

« *Au plus solitaire de l'Océan* » s'esquisse une rue flottante (*EM*, 7), longue, droite, comme un trait fantomatique. Entre deux eaux, au sein du fleuve, une ligne de cheminement se profile comme un trait tiré en direction de la mer (*IS*, 65-6). Au centre de l'immensité désertique, une piste, comme un trait indéfiniment prolongé sur le sable, « *va vers l'horizon sans regard* » (*PM*, 141) ; et il y a également cette autre piste d'un champ de courses, qui se prolonge comme un trait tiré en direction du fleuve (*SC*, 128). Il peut arriver que ce soit non pas l'image du tracé d'un trait, mais celle de son désir qui s'exprime par l'entremise d'un personnage. Ainsi l'Indien, Rani, voudrait faire surgir, au cœur d'une forêt « *sans portes ni fenêtres* » quelque impossible chemin des « *cailloux de la terre* » aux « *cailloux du ciel* » ; il voudrait voir apparaître un tracé, ou peut-être même un « texte », qui relierait son histoire misérable à un « *document très ancien et très fragile : le ciel* » (*R*, 11). Dans un autre conte, des Ombres, anciens habitants de la Terre, s'acharnent à vouloir arracher d'une longue boîte posée comme un énorme trait blanc, le secret d'un lien entre eux — prisonniers d'un cimetière céleste qui se rêve déguisé en une « *Europe céleste* » —, et les vivants de l'Europe terrestre (*BC*, 92).

Or, tous ces tracés désirés, tentés, d'un trait raccordant vie et mort portent en eux leur échec. Ils ébauchent l'inscription d'un signe sur l'incertain, le mouvant, l'illimité — eau, sable, nuée — ; un signe qui, n'existant encore qu'à peine, est voué à son effacement; un signe *perdu* dans toutes les acceptions du terme. C'est en fait le drame de ce signe qui nous est conté.

Le reflet décoloré du village résumé dans une rue flottante, disparaît à l'approche de tout navire, autant dire à l'approche du *vivant.* La rue flottante, ce trait amorcé dans l'espace de la mort, échoue dans sa tentative de rejoindre la réalité vivante; il ne peut accrocher le regard du vivant. Le marin au bout de sa longue vue — autre trait, mais bien réel, servant à raccorder le plus proche au plus éloigné —, « *n'avait jamais aperçu le village ni même soupçonné son existence* » (*EM*, 8).

Le trait tiré entre deux eaux sombre brusquement dans les profondeurs marines, royaume des noyés où l'on feint la vie à défaut de pouvoir se réaccorder aux vivants (*IS*, 68). Quant aux pistes, que ce soit celle du désert pampéen ou celle d'un champ de courses au cœur d'une ville, elles sont à sens unique : elles vous mènent vers « l'horizon sans regard », vers la mort; on ne peut jamais les remonter en sens inverse. Le signe *perdu* engendré par le « carrefour errant », ou ébauché sur sa « surface », serait donc une figure de silence marquant le retour à l'in-signifiant, à la mort.

Ce que fomentent les « carrefours errants » d'où naissent des contes, semble bien être une sorte de drame de la déchirure profonde et de son impossible réparation, dans ce qui s'appelle l'existence. La tentative du trait à tracer pour unir vie et mort, s'avère la manifestation d'un *vertige.* Héritier de Rimbaud, le poète conteur des « carrefours errants » ne chercherait-il pas désespérément, à fixer et à exorciser par le texte d'un conte à composer, le vertige que crée en lui la réalité, et qu'il ne peut maîtriser? Dans ce sens, la question que se pose son personnage, Rani, cherchant un quelconque moyen pour relier sa misère à une vague espérance, exprime ce vertige. Elle est à elle-même sa réponse, ou plutôt le vide, l'absence de sa réponse : « *Comment connaître sa route au ciel où il n'y a plus de droite et de gauche, d'avant ni d'après et rien que de la profondeur. Sans autre guide, sans autre appui que le vertige.* » (*R*, 111-2). L'essai du trait sur le « carrefour errant », n'est-ce pas le tracé d'un vertige sur une profondeur insondable qui s'est emparé du regard du poète ? Chacun des contes se structure en quelque sorte sur une histoire née dans un regard accordé à l'errance, prisonnier des mirages (« Saisir » ; p. 25[35]).

Un regard soumis aux « carrefours errants », à leurs textes aussi déraisonnables soient-ils, à partir desquels une écriture poétique brode des contes, c'est précisément ce que laisse entendre le court paragraphe qui se glisse dès la deuxième page de « L'Enfant de la haute mer », et qui pourrait être considéré comme un avertissement discret au lecteur, valable d'ailleurs pour les autres contes rassemblés sous ce titre : « *Nous dirons les choses au fur et à mesure que nous les verrons et que nous saurons. Et ce qui doit rester obscur le sera malgré nous.* » (*EM*, 8). Le poète-conteur *voit*, *sait*, et se soumet à ce qui doit rester obscur. De cette annonce faite au lecteur, il se dégage une sorte de reconnaissance du pouvoir d'un regard — celui des yeux « *un peu trop larges* » — qui *sait* « *les champs de vertige / Où l'herbe n'est plus l'herbe et doute sur sa tige* » (p. 12[36]). Il se dégage également le pressentiment et l'acceptation anticipée de l'obscur ou, si l'on préfère, du dess(e)in impénétrable des « carrefours errants ».

On ne peut s'empêcher de penser que le drame d'une création poétique est sous-jacent aux quelques lignes d'avertissement glissées dans les premières pages de « L'Enfant de la haute mer », que nous citions plus haut. En effet, le poète s'y décrit prenant en charge — il faudrait dire « prenant en écriture » — ce que lui livre son regard accordé aux « champs de vertige » ; alors que dans le même temps, il se saisit pris en charge par le versant obscur de sa vision. Il semblerait que le poète se donne à cette « écriture d'une lecture à un autre niveau » sur laquelle méditait Lorand Gaspar — poète du « chant qui fuse dans la densité du monde reclos » — dans son essai intitulé *Approche de la parole*. Le poète se donne à l'écriture d'une lecture qui ne serait pas déchiffrement d'un code, mais épellation du cheminement imprévisible d'un *vertige* dans lequel il se laisserait couler, et qui demande à être *prononcé*. Il s'agit dans un même mouvement de surgissement de la parole, de « *Lire et écrire : accueillir, aller avec, creuser, respirer, jaillir* », nous dit Lorand Gaspar[37]. Combien proche d'une telle écriture, est celle de Supervielle poète-conteur.

Quant au lecteur du conte de Supervielle, il se trouve quasiment impliqué dans la démarche du poète, par cet avertissement qui lui est donné et qui s'inscrit en prolongement à la question : « Comment se faisait-il... ». Par sa lecture, il est d'une certaine façon associé au développement, disons même à l'extension du conte qui s'est formé dans la « lecture à un autre niveau » du poète interrogeant ce qui se trace sur les « carrefours errants ». Le lecteur devient complice du poète-conteur qui se sent appelé par « *le jour en profondeur* [*qui*] *met un songe où tout seul le vide s'engageait* » (p. 21[36]).

Un passage de « L'Enfant de la haute mer » mis à part spatialement et typographiquement, attire l'attention du lecteur. Il s'agit d'un exercice de grammaire que l'enfant — unique personnage de ce conte — affectionne particulièrement... et que le lecteur serait à son tour, invité à faire. Or, cet exercice (*EM*, 15-6) doté d'une numérotation recherchée qui le met en valeur, nous est apparu comme la mise en abyme possible d'une intention fondamentale qui préside à la construction du conte déraisonnable de Supervielle, c'est-à-dire à la lecture-écriture des « carrefours errants ».

L'exercice consiste à combler un vide dans la formulation

d'une question afin que celle-ci puisse être posée correctement. Remarquons que ce qui manque en fait, c'est le premier terme, le pronom déclencheur donnant un sens à la question. Quant aux réponses, il n'est pas demandé de les construire : l'enfant de la haute mer n'est essentiellement que *questions*. Tout l'intérêt de l'exercice/de l'écriture du texte réside donc dans la composition de *bonnes* questions. On s'aperçoit par ailleurs, que l'exercice présente un centre d'intérêt ; toutes les questions à compléter s'ordonnent autour d'un unique sujet : être vivant. Les premières questions se structurent à partir de verbes faisant référence au fait d'être au monde, de penser, de parler, de vouloir. Puis viennent les questions dont les verbes se rapportent aux relations avec les autres, au fait de se définir dans une société déterminée et d'être défini par elle. Enfin quelques questions font signe à un événement non spécifié.

L'exercice dans sa structure même, est mouvement : une fois complétée la question tombe dans le silence de la non-réponse, pour rebondir dans une autre question et ainsi de suite. On a l'impression que ce jeu pourrait se prolonger indéfiniment, façonnant une langue de la solitude et de l'absence. L'exercice de grammaire de l'enfant de la haute mer situe métaphoriquement la naissance du conte : dans le vide et le rebondissement qui se créent d'une question à l'autre, un songe se met en histoire... un songe qui reflète le sentiment fort de l'abandon, qui fabule des réponses — des contes — à ces questions.

L'exercice de grammaire de l'enfant de la haute mer emblématise d'une certaine manière, l'écriture et la lecture du conte déraisonnable qui ne dispose que des pages de « carrefours errants » pour exister, pour s'exercer oserait-on dire. Tramant ses images, le conte de Supervielle cherche à fixer un espace d'alliance, de réconciliation entre la vie et la mort, et ne peut donner à lire que des fables construites sur l'espace d'une irrémédiable séparation.

les évasifs

Dans le chant contenu du premier poème de *Gravitations*, deux vers élèvent la voix, laissent percer avec force une plainte :

> [...] dominer le silence assourdissant
> Qui voudrait nous séparer, nous les morts et les vivants.
>
> (« *Le Portrait* » ; p. 90[10])

C'est, nous semble-t-il, de ce désir violent, et plus encore d'une sensibilité exacerbée par ce silence assourdissant, que surgit le personnage du conte de Supervielle. Indéfinissable, insituable même lorsqu'il se dit noyé, gaucho, marchand ambulant ou jockey, il tient à la fois des morts et des vivants. C'est essentiellement un *évasif* auquel le poète lui-même se voit identifié : « *Je serai moi-même évasif* » (« *Attente de la mort* » ; p. 64[10]). Des « carrefours errants » le personnage du conte serait le prisonnier *évadé*, un être sur lequel on ne peut que s'interroger : mort, vivant, qui est-il en vérité ? et plus encore que veut-il signifier ?

L'*évasif* des contes se présente soit comme un mort qui « *n'a jamais pu s'endormir* » (« *Le Hors-venu* » ; p. 135[35]) — tels sont l'enfant de la haute mer, l'inconnue de la Seine, les boiteux du ciel ; soit comme un vivant déjà mort virtuellement, un vivant qui a déjà appareillé pour la mort, « *tant le vivant ressemble au mort* » (« *Les Yeux* » ; p. 65[35]) — ce sera le cas de Rani, de Sir Rufus Flox, du Turc et de Juan Pecho. La construction et le jeu du personnage de l'*évasif* tendraient donc à éluder ou à braver par quelque artifice, par quelque stratagème de l'imagination, l'angoissante contradiction que présente une vie vouée à la mort. Au personnage du conte serait conféré le statut de mort-vivant. Mais le trait d'union qu'il nous faut tracer pour former cet unique désignateur, loin de fixer un lien sûr qui entérinerait en quelque sorte la résolution de l'antinomie angoissante, s'avère lui-même signe évasif : n'est-il pas en fait la représentation d'une insupportable tension entre les deux Réalités, la vie et la mort ? Ne stipule-t-il pas le refus fondamental que joue, sur la scène du conte, le personnage de l'*évasif* ?

L'enfant de la haute mer, l'inconnue de la Seine, les Ombres du Sahara du ciel — morts qui n'ont jamais pu s'endormir, prisonniers d'un espace infini — osent encore rêver d'évasion, rêver l'existence d'un trait d'union inaltérable avec la vie. Aussi chacun de ces personnages nous apparaît-il comme l'exécutant d'une pantomime du survivant, ou d'une pantomime du revenant. Parfois même le lecteur a le sentiment que le texte narratif met délicatement en place un théâtre d'ombres où des thèmes de la vie sont joués par des silhouettes de morts. Le rôle conféré au personnage serait alors de mettre en scène la résistance de l'homme à ce qui doit l'anéantir à jamais. Il joue la survivance à sa propre mort. Mais dans ce jeu insensé qui appelle le miracle, ce sera une mort parfaitement achevée, si l'on peut s'exprimer ainsi, qui menacera le personnage du conte.

> Comment t'aider, morte évasive,
> Dans une tâche sans espoir
> T'offrir à ton ancien regard
> Et reconstruire ton sourire (« *La Belle Morte* » ; p. 166[10])

Toute l'interrogation du poète, lourde de ses tentatives de réponses, passe dans la pantomime de son personnage, le mort-vivant, avec lequel il entretient d'étranges complicités, à force de *se souvenir*. Ainsi l'enfant de la haute mer apparaît comme une forme se détachant d'un souvenir devenu par trop intense. Il suffira du pouvoir suggestif de quelques mots glissés dans la description du visage de l'enfant noyée, comme une habile touche de maquillage, pour tracer le léger reflet d'un désir persistant de vie. Serait-ce la réussite de quelque trait d'union que se promettent, par le pacte d'écriture, le conteur et son personnage ? « *Elle avait la peau très blanche avec quelques taches de douceur, je veux dire de rousseur* » (*EM*, 8) ; le lapsus ménagé par le conteur permet de faire jouer un écho, une rime entre mort et vivant : la rectification voulue et accentuée *anime* en « taches de rousseur » les « taches de douceur » du visage fixé dans la mort. Il en sera de même pour le regard du mort évasif; que les yeux soient décrits grands ouverts, sans racine ni iris, ou clos sur eux-mêmes, ils ne manquent pas d'être rectifiés par quelque signe — tel un frémissement se dessinant sur la physionomie du mime figée dans l'impassibilité —, un signe à peine marqué mais suffisant pour suggérer une trace de vie. Ce sera la mention descriptive d'un fin reflet coloré, d'une imperceptible luminosité, ou d'un très léger battement de cils (*IS*, 70 ; *BC*, 102), un quelque chose du visage qui se refuse à mourir. Ainsi les mots du poète prennent le risque d'exprimer le pressentiment de secrètes rives entre la vie et la mort en animant le visage des morts évasifs, en leur donnant une note de vie qui en fait, ne pourrait être que l'ombre d'un souvenir légèrement plus colorée.

Le nom propre du mort évasif s'est perdu, ou plus exactement s'est reconverti en une désignation qui ne dit plus la réalité sociale d'un être mais une destinée à jamais identifiée à un lieu : l'enfant *de la haute mer*, l'inconnue *de la Seine*, les boiteux *du ciel*. Cette nomination du personnage entérine son appartenance à une immensité à la fois stable et mouvante, à un lieu mythique (la haute mer — le fleuve qui rappelons-le, va se perdre dans la mer —, le ciel) qui engendre sans fin des fables, et à propos duquel se sont accumulés les savoirs sans pouvoir en entamer la fascinante énigme qui n'a pas fini d'exciter les imaginations.

De ce personnage au nom effacé, qui nous est donné comme l'*ombre* de lui-même, au sens propre du terme, il reste les accessoires qui perpétuent le jeu du vivant. Ils continuent par-delà la mort, à remplir leur fonction terrestre auprès de l'*évasif*; ils rappellent les accessoires du baladin qui, « *longtemps après sa mort / Tournaient avec leur chant fou* » (p. 85[10]). Tel l'objet magique du conte merveilleux, l'accessoire entre de plain-pied dans le développement de l'histoire. Il met en image une faiblesse, on pourrait dire une fêlure, dans la volonté implacable du destin destructeur. Son insertion dans la trame de l'aventure, la description de son « jeu » peuvent paraître de prime abord, assez inattendues; mais bien vite il s'avère que l'accessoire est lui aussi un signe qui *rectifie*, qui fait jouer un écho entre mort et vivant, qui tente un trait d'union.

Ce sont les sabots de l'enfant de la haute mer : « *elle passait en sabots d'un pas sûr dans la rue liquide* » (*EM*, 8); cette mention descriptive, somme toute saugrenue, apporte une précision qui s'avère étrange dans le contexte narratif de ce début de conte. Pourtant l'insolite glissé discrètement ébauche un lien avec une vie antérieure de petite villageoise, comme d'ailleurs le fera un peu plus loin, le grand cartable (14) mais avec une insistance beaucoup plus marquée. En effet, le détail des livres qu'il contient nous est donné, montrant ainsi que ce cartable continue à « vivre », à servir l'*évasive*. Il poursuit son rôle même auprès de ce qui n'est plus que l'ombre d'une écolière de village « *tachée d'embruns* » (« *Le Village sur les flots* »; p. 178[10]).

C'est la robe à laquelle l'inconnue de la Seine tient désespérément (*IS*, 76), comme à une dernière trace de vie antérieure qui pourrait peut-être encore la sauver... alors même que ce verbe *sauver* a perdu toute signification. Cette robe qui continue à mouler un corps qui se détruit, à assurer une vague forme humaine à ce qui s'anéantit, garde la noyée à l'écart des Ruisselants, ces habitués des grands fonds de la mer/de la mort; elle la maintient différente encore pour un temps — mais qu'est-ce à dire « un temps »? sinon un souvenir qui résiste... précisément grâce à cette robe qui sauve en quelque sorte les apparences.

C'est la petite cape que porte, sur l'effacement de son visage, une des Ombres dans le Sahara du ciel; cette même cape qu'elle portait à Paris. Là encore l'accessoire — détail vestimentaire — écrit un lien tenu mais persistant avec une vie antérieure, comme l'écrit également la volumineuse serviette d'étudiante, accessoire qui jouera un rôle décisif dans le processus de résurrection des deux Ombres, les deux boiteux du ciel, sur lequel nous aurons l'occasion de revenir plus longuement.

Dans la mesure où, en lui, s'est accumulé le poids d'un vécu, s'est concentré et fortifié le souvenir, l'accessoire aussi modeste et banal soit-il, prend la dimension dans le déroulement de la narration, d'une sorte d'agresseur dissimulé de la mort. Son insertion et l'importance qui lui est conférée dans le procès du conte, reconstruisent contre la mort une attache à l'existence. De plus l'accessoire relie au registre du temps; il entraîne, permet l'insertion dans le texte de références précises à un temps linéaire. Dans le présent figé à jamais, dans le non-temps du mort évasif, l'accessoire crée une sorte de mobilité; dans cet univers des morts où le temps *ne passe plus*, des mots tels que *matin - soir* reprennent paradoxalement tout leur sens autour de l'accessoire qui continue à « vivre », à remplir sa fonction terrestre. On a parfois même l'impression que l'accessoire érige le souvenir en une promesse d'avenir, dans la mesure où il entretient l'expression d'une note de vie qui devrait pouvoir se continuer dans la mort.

Ainsi le personnage du mort évasif se présente comme un être qui aurait acquis l'expérience de l'extrême bord de la durée ; assiégé encore par les souvenirs, il se décrit guetteur d'une vie antérieure alors qu'il se tient à l'orée du royaume des morts. De cette vie il mendie quelques derniers échos répercutés dans le champ du souvenir, lui qui n'est déjà *presque plus.* En effet, comment mieux le définir qu'en empruntant l'expression qui apparaît dans un court dialogue mis en poème, entre un vivant et un mort :

> C'est beaucoup d'approcher une oreille vivante
> Pour quelqu'un comme moi qui ne suis presque plus.
>
> (p. 137[35])

Un mort serait-il donc pour le poète, *quelqu'un* qui n'est *presque* plus ? N'y a-t-il pas dans le *presque* tout l'espace de la tentation du trait d'union qui donnerait au mort la chance, oserait-on dire, de pouvoir encore rêver, imaginer un passage insituable vers la vie.

Mais le personnage du mort évasif c'est aussi et surtout celui qui, à l'instar de l'enfant de la haute mer, se surprend à crier : « Au secours ! » et dans le silence absolu de son cri, comprend le sens profond de ces deux mots, c'est-à-dire leur douloureux non-sens (*EM*, 19). « Au secours ! », voilà tracé l'appel d'un trait d'union mais qui meurt tout aussitôt, comme *bu* par le silence « assourdissant » — « *les hommes n'entendaient pas sa voix* ». Ce mort évasif qui désespérément pousse son cri de silence — « Au secours ! » — à la vie, n'est pas sans rappeler le protagoniste du très court poème « *Naufrage* », ce noyé qui crie « "*Au secours !*" / *Et l'écho lui répond : "Qu'entendez-vous par là ?"* » (p. 199[35]). La tentation du trait d'union devient la cible d'une tragique ironie qui ne cesse d'irriguer délicatement le conte déraisonnable de Supervielle.

Pénétrant dans l'univers de l'enfant de la haute mer, de l'inconnue de la Seine, des boiteux du ciel, et se trouvant de par sa lecture impliqué dans le drame qui s'y joue, le lecteur se sent non seulement interpellé mais concerné par le destin de ce peuple mystérieux de fantômes, d'âmes en peine qui quêtent encore un rien de vie, qui voudraient encore se mêler par quelque subterfuge aux vivants. Il se sent pour ainsi dire agressé, à travers le mort évasif que le poète lui fait rencontrer, par la multitude des anciens habitants de la Terre, par le peuple immense des morts de tous les temps. Il est confronté à une écriture qui voudrait prêter vie à l'Ombre.

Il semblerait que pour dominer le « *silence assourdissant qui sépare les morts des vivants* » (« *Le Portrait* » ; p. 90[10]), l'écriture du poète veuille se faire le lieu aussi bien de « *l'âme qui fait rage* » (« *Le Village sur les flots* » ; p. 178[10]), que d'un « *clair d'enfant* » ; se faire le lieu où les âmes se métamorphosant en ombres, sont en quelque sorte récapitulées dans le désir de survivre, de retrouver un corps terrestre. Aussi le poète traduit-il en images des songes qui naîtraient d'une Ombre en mal d'un corps, ou peut-être simplement en mal d'un « clair de vivant »... Dans ce qu'on pourrait appeler les « Contes de l'Ombre » de Supervielle, la voix de cette autre Ombre dont l'aventure constitue le dernier récit inachevé et particulièrement fascinant de Henri Bosco, ne sonnerait certainement pas faux. Recueillons-en quelques appels :

> Et maintenant je me tiens là devant vous, invisible, car qui peut voir une ombre humaine perdue dans l'ombre universelle ?...
> Si vous avez quelque pitié de moi, attendez l'aube. Alors peut-être me reverrez-vous [...] captive du Soleil.
> Alors si je parle, m'écouterez-vous ?
> Car je ne suis pas résignée, mon désir me tourmente encore.
> Et je n'aurai de cesse que je n'aie retrouvé un corps [...] un corps chaud et frais, pour revivre, tout un corps et même son ombre...
> Mais cette fois je dévorerai l'ombre.[38]

Qui s'exprime en ces termes ? l'Ombre du récit d'Henri Bosco ou la morte évasive du conte de Supervielle ? Ces appels ne sont-ils pas empreints de la tentation d'un trait d'union entre le mort et le vivant qui cherche à se dire ? La plainte révoltée de l'Ombre que le narrateur du récit précisément intitulé « Une Ombre », voit s'inscrire sur les pages blanches d'un livre dont il fait la lecture, n'est-elle pas du même ordre que celle qui féconde les pages du conte déraisonnable, et que le lecteur réanime par sa lecture ?

Si « L'Enfant de la haute mer », « L'Inconnue de la Seine », « Les Boiteux du ciel » sont des contes centrés sur le personnage du mort « *qui n'a jamais pu s'endormir* » (« *Le Hors-venu* » ; p. 135[35]) — le mort évasif —, par contre « Rani », « Les Suites d'une course », « La Piste et la mare » sont construits à partir d'un personnage qui, lui, pourrait se définir en tant que *vivant évasif* ; un vivant qui se sait traqué par un danger, guetté par « *les espions de l'au-delà* » (p. 203[35]) ; un vivant qui ne peut se défaire de l'ombre et du silence qui gagnent peu à peu sur lui : « *en nous cette ombre qui s'allonge* » (« *Toujours sans titre* » ; p. 191[35]). Or ce vivant s'interroge : comment pactiser avec les « espions » du Pays de la mort ? Ne faudrait-il pas trouver le moyen de les neutraliser, ou mieux de les apprivoiser ? aussi ne devrait-on pas dès à présent « *labourer l'autre vie / Y pousser nos grands bœufs enclins à s'arrêter* » (p. 31[36]), faire en sorte qu'aucune rupture ne se produise vraiment. On retrouve ainsi, dans une perspective inverse mais en fait complémentaire, la tentation du trait d'union entre vie et mort que laissait transparaître l'aventure du mort évasif.

Ce qui caractérise le vivant évasif du conte de Supervielle, c'est le fait d'exister sous le coup d'une exclusion du monde des vivants qui peut prendre, d'ailleurs, la forme d'une mise à part très proche d'un anathème sournois qui lui aurait été jeté par quelque « *espion de l'au-delà* » (p. 203[35]) ; pensons à Rani ou au Turc, et même à Sir Rufus Flox... On peut esquisser à gros traits le vivant évasif, en reprenant ce qui est dit du Turc dans les premières pages du conte « La Piste et la mare » : « *Il avance seul* [...] *il va vers l'horizon sans regard* [...] *il se presse comme s'il était attendu* [...] *cet ambulant qui ne tient encore à la terre que par un coup de veine* [...] » (*PM*, 141, 143, 148). La marche solitaire, sans même pouvoir se retourner quand le jour est derrière soi (p. 17[36]), l'angoisse d'être livré au hasard, de dépendre d'un « coup de veine », font que le vivant évasif se décrit prisonnier des ténèbres qui anticipent en lui, l'approche d'un autre monde où l'*on n'est plus*. N'est-il pas déjà *presque plus*? Mort évasif ou vivant évasif, le personnage du conte de Supervielle s'engendre et demeure situé dans cette zone flottante du *presque*.

À son personnage, le vivant évasif, le narrateur confère un regard déjà pris dans le champ de l'ombre; un regard qui *s'exténue* en s'attardant sur ce qui reste à finir :

> Que voulez-vous que je fasse du monde
> Puisque si tôt il m'en faudra partir.
> Le temps d'un peu saluer à la ronde,
> De regarder ce qui reste à finir.
>
> (« *Le Temps d'un peu* »; p. 213[35])

Dans les yeux du vivant évasif autour duquel s'ordonne l'histoire, les mots descriptifs inscrivent l'espace du « presque plus ». Ce sont des yeux accordés à la distance et à la nuit; ils regardent ici et voient ailleurs (« *Visite de la nuit* »; p. 210[35]). Quel ailleurs? quel Pays sans nom se dessinent-ils, alors qu'il n'y a pas d'*ailleurs* nulle part sur la Terre, affirme le poète (« *Le Tapis vert* »; p. 215[35]). Aussi ce que nous avons appelé la zone flottante du *presque plus*, ne réussira à se mettre en récit dans le cas du vivant évasif, que sous la forme d'une situation de violence qui approfondit la rupture et, d'une certaine manière voue à l'échec le trait d'union à tracer entre vie et mort.

Nous avons déjà eu l'occasion de faire allusion aux « *yeux trop larges* » (*JV*, 119) de la jeune fille à la voix de violon. La brève mention faite de ce regard, centrée sur un unique détail descriptif dès le début du conte, alerte le lecteur attentif. Bien que minimisé par un « peut-être » et un « si peu », le signalement des yeux trop larges infiltre un certain malaise. Dans un tel regard, il semblerait que tremble le seuil d'un vide, que s'aggrave une distance... ne serait-il pas déjà marqué du signe du *presque plus*?

C'est avec le visage brûlé de l'Indien, Rani, où seuls les yeux sont demeurés intacts, que la violence du « presque plus » prend une nouvelle dimension. Ce sont des yeux qui, dans un visage mort, vivent encore ; des yeux dont les paupières battent mais qui pourtant sont profondément attaqués, corrodés par les « *passereaux de la mort* » (*R*, 108), qui accommodent la vision de celui qui est *encore* vivant, à un monde des ténèbres et plus encore au non-humain.

Le destin de Sir Rufus Flox s'inscrit dans les grands yeux noirs de son cheval qui se substitueront aux siens lorsque, pris dans un vertige de puissance et d'immortalité, il sera envahi par le désir fou de coïncider de se confondre avec cette bête lancée dans une course effrénée, ce fils de la nuit et du mystère qui parfois quitte ses sombres origines pour s'élever dans la pleine lumière des cieux, parfois « *arrache au sol nocturne de résonantes splendeurs* », nous dit le poète (« *Le Gaucho* » - « *Le matin du monde* » ; pp. 33–110[10]). C'est dans le long regard du cheval qui, selon une croyance ancrée dans la mémoire des peuples, fixe le mystère de l'invisible frontière entre la vie et la mort (pp. 222sqq.[39]), que le regard de Sir Rufus se perd à jamais : « *Par mes grands yeux noirs ! je jure que tu te souviendras de moi* [...] » — c'est bien là une sorte d'anathème que lui lance le cheval, par-delà la mort où l'a conduit la folie de son cavalier. Sir Rufus est voué à demeurer un *évasif*. Qui est-il en vérité ?

ni homme, ni cheval, ou l'ombre des deux? ce que reflète précisément la fin du conte se fixant dans l'inachevé d'une phrase :

> Sir Rufus redevenu homme, dans un complet gris [...] semblable à la robe du cheval [...]. Il essaya d'enlever le mors et la gourmette [...] ce n'était vraiment pas facile, d'autant plus que ses gestes étaient encore un peu chevalins et que. (*SC*, 138)

Le point final inattendu, brutalement adjoint au *et que*, brise la phrase en cours; il introduit la violence d'un silence triomphateur qui coupe la parole/l'écriture, sur la vision de Sir Rufus en tenue de vivant évasif. En effet, il se redresse drapé de *gris*, ce même gris du cheval qui signifiait l'*évasif* : ni blanc comme le cheval solaire, ni noir comme le cheval de la mort... si ce n'est de grands yeux noirs ouverts sur d'insondables ténèbres[40].

Le vivant du conte de Supervielle est le jouet d'un principe de destruction, d'une force étrangère, lente et cruelle, que soulèvent d'étranges profondeurs de l'être comme dans le cas du démon qui s'empare de Rani, ou de la troublante et perfide voix de violon qui sort de la bouche de la jeune fille aux yeux trop larges; une force qui peut également surgir de l'extérieur comme celle engendrée par la pampa, paysage de mort auquel il n'est plus possible d'échapper. Cette force exploite la solitude et la souffrance de ces vivants « *prisonniers de la mort* » (« *Projection* »; p. 141[10]), comme s'ils n'avaient jamais été que des *Hors-venus* dans la vie, cherchant en vain à se relier à leur Pays sans nom, à « *ce qui espère en eux, dans l'insolite* » (« *Le Hors-venu* »; p. 48[36]). Ainsi avec le personnage du vivant évasif, se raconte la proximité et la montée grandissante voire monstrueuse d'une ombre qui attire en elle les êtres, et dans laquelle aucun tracé d'alliance entre vie et mort ne peut tenir :

> Je ne vois plus le jour
> Qu'au travers de ma nuit.

C'est un petit bruit sourd
Dans un autre pays. (« *Le Forçat* »; p. 9[35])

Dans son rêve, le poète, à l'instar du marin de « L'Enfant de la haute mer », a donné naissance à l'*évasif*, personnage d'un conte déraisonnable qui ne peut ni vraiment vivre, ni vraiment mourir. Il évolue dans une zone de carrefours errants que l'imagination construit, où se voient vivants les morts, et où se voient morts les vivants (« *Souffle* »; p. 137[10]). Dans l'écriture de cette zone, dans sa mise en récit, le passage vers le Pays sans nom du poète ne trouverait-il pas son expression ?

des rumeurs obscures...

Dans le champ où opère, entre morts et vivants, un regard réciproque que nous venons d'essayer de lire, l'écoute poétique — celle qu'implique une lecture concernée cheminant avec un texte qui cherche sa *vérité* —, cette écoute donc, serait appelée à intercepter des « rumeurs obscures » que le poète soulève sous les pas de son écriture hantée par les carrefours errants ; ce même poète que nous entendons nous dire :

Il est place pour vous
Dans ces rumeurs obscures
Encerclant à la fois
Le vivre et le mourir. (p. 32[35])

Il est certain que l'on ne peut échapper à l'emprise d'une pensée brûlante qui imprègne le conte de Supervielle ; une pensée de vivant qui refuse de s'éteindre, d'être vouée au néant, et qui construit pour ainsi dire les contes de sa révolte. Dans les espaces de la mort et du par-delà la mort qui se décrivent dans le conte déraisonnable, la vie rôde parce qu'une pensée demeure et cherche à se formuler. « *Pour le poète de* Gravitations », écrivait Michel Mansuy, « *la vie est dans son essence, le synonyme de pensée* » (p. 32[41]). Dans les espaces de la mort et du par-delà la mort, une pensée fomente des mouvements confus, incontrôlables, faits de désirs, de rêves, de bribes de souvenirs, de violences et de tendresses humaines qui n'en finissent pas de mourir... rumeurs obscures qui assiègent tout à la fois le vivre et le mourir en défiant la distance infranchissable qui s'est creusée entre ces antagonismes. Aussi, à l'instar du protagoniste du poème « *Distances* », le lecteur des contes se voit-il invité à accueillir « *les aveux d'une pensée spacieuse* » (p. 143[10]) fascinée par l'ombre et le silence indivisibles où retentissent les « *rumeurs obscures* » (p. 32[35]) qui trament un insensé commerce entre le vivre et le mourir.

Un tel échange se profile, et peut donc se lire, dans le sillage des *comme si* exprimés ou sous-entendus, qui émaillent le texte. Le rôle qui leur est conféré ne semble pas se limiter à ouvrir le texte sur une représentation du domaine de l'illusion ou du rêve, car la densité de sens du texte et la finesse de sensibilité qui l'innervent, font résonner plus profondément le *comme si* que l'on ressent sous-tendu par une volonté d'arrachement à l'implacable destin d'anéantissement; comme s'il faisait encore humain... disent les « *rumeurs obscures* » (p. 32[35]) :

> Jusqu'aux astres indéfinis
> Qu'il fait humain, ô destinée ! (p. 98[10])

Cette exclamation combien significative de l'obsession du poète, que l'on peut lire dans le poème intitulé « *Une Étoile tire de l'arc* », pourrait fort bien venir ponctuer les divers moments du discours narratif des contes. Toutefois il faut préciser que le « *il fait humain* » se répercute dans les contes, en un écho qui le prolonge dans un *encore* signifiant plutôt « à peine... si peu et pourtant... »; un écho qui inquiète bien plus qu'il ne rassure.

Le *comme si*, le *il fait humain encore*... inscrits ou suggérés dans le conte de Supervielle, entraînent la formation d'images qui viennent atténuer, voire même brouiller, celle de la Mort en s'acharnant à vouloir en changer le signe indélébile. Ils introduisent des scènes, des tableaux qui pourraient entrer dans le registre des représentations par lesquelles se dit la grande force humaine du défi à la mort; et le personnage, acteur de telles scènes, pourrait s'apparenter, toutes proportions gardées, à ces figures mythiques que Julien Gracq reconnaissait comme étant celles du « *souffle de libération contagieuse qui vient d'aussi loin que l'homme* » (p. 133[42]).

Les « rumeurs obscures » qui se laissent soupçonner dans l'espace d'écriture du conte, seront donc rendues lisibles — ne faudrait-il pas dire audibles? — dans des moments du texte plus particulièrement commandés et dynamisés par un *comme si* ou le *il fait humain encore...*; un texte qui inlassablement veut exprimer sa croyance au soupir faible qui « *rêve encore qu'il soupire* » (« *Souffle* »; p. 136[10]), à la douceur de l'avenir « *qui nous frôle de ses plumes* » (« *Haut-ciel* »; p. 133[10]) alors même que la mort poursuit son œuvre; un texte qui, de ce fait même, érode sourdement l'ombre et le silence par des rumeurs troublantes qu'il engendre. Il nous faudra donc tenter de saisir sinon de reconstituer le travail de ces rumeurs dans un récit qui, comme nous le mentionnions dès les premières lignes de ce chapitre, cherche sa vérité; et plus précisément dans un conte en recherche d'une sagesse.

Dans « L'Enfant de la haute mer », les rumeurs obscures ont partie liée avec la mise en images de la persistance d'une inspiration ou mieux d'une pensée quotidienne (par-delà la mort) « *comme s'il fallait à tout prix que le village eût l'air habité, et le plus ressemblant possible* » (*EM*, 11) or, il s'agit d'un village qui n'est qu'un simple jeu de reflets sur les eaux marines parfaitement désolées. Comme s'il fallait que, au travers de tracés infixables imaginés sur l'abîme de la mort, puissent se lire ceux fixés de la vie. L'insertion dès le début de ce conte, du déclencheur accentué d'une comparaison, « *comme s'il fallait à tout prix* », met en cause la supposition d'un impératif auquel l'écriture du conte devrait répondre, une mission contraignante départie aux mots du texte. N'y aurait-il pas là l'indication de « rumeurs obscures » qui détermineraient la facture du récit? le signalement d'une voix confuse qui attesterait le pouvoir créateur du faire « *le plus ressemblant possible* », réussissant à réaccorder le langage des vivants à celui des morts et réciproquement? Aussi le lecteur se sent-il, au fil des pages, comme possédé par une hallucination, parce qu'associé à un narrateur lui apparaissant de plus en plus comme le commentateur des tours d'un invisible prestidigitateur — le poète-conteur qui connaît la force secrète des « rumeurs obscures » encerclant le vivre et le mourir, et possède les arcanes de leur exploitation.

Les rumeurs du « faire le plus ressemblant possible » seront particulièrement pressantes, si l'on peut s'exprimer ainsi, autour de l'objet quotidien qui, dans l'espace du récit, s'affirme comme un véritable centre de l'encerclement du vivre et du mourir. L'enfant de la haute mer, morte évasive, est tenue en éveil par toutes sortes d'objets, morceaux de vie « en dur », qui dominent et même nient la mort, dans la mesure où ils demeurent fidèles à leur fonction à remplir au-delà de toute nécessité, comme demeurait fidèle l'accessoire familier ou le détail vestimentaire. Le pot de confiture, le morceau de pain, aussi bien que les crayons, les cahiers et autres objets de la vie quotidienne d'une enfant, sont décrits comme se tenant prêts à pourvoir à des besoins... rendus inexistants à jamais; mais l'important est qu'ils soient présents, dans toute leur matérialité, offerts et inaltérables, « *comme si les choses avaient été ainsi un jour et qu'elles dussent en rester là éternellement* » (*EM*, 9-10). Les objets entrent dans le jeu du faire semblant qui consigne l'histoire de l'évasive.

À cause de la présence de l'objet et à partir de lui, le langage de la vie va se prêter pour ainsi dire au monde de la mort. Les simples gestes de la vie quotidienne en référence à des habitudes familières, vont prendre une dimension nouvelle. Ils s'auréolent d'une gratuité totale puisqu'ils se tracent, c'est-à-dire se racontent, dépouillés de toute utilité, de toute raison d'être. Et ils sont indispensables, ne serait-ce que parce qu'ils recréent et façonnent une mémoire de vivant, une signature de vivant, en poursuivant une vérité de vie dans le monde de la mort.

N'est-ce pas la valeur et le sens véritables des gestes de l'enfant-évasive : tel celui de battre du tambour alors qu'il n'y a rien à annoncer dans cette rue flottante qui ignore l'événement ; ou celui de saluer de la main alors qu'il n'y a rien ni personne qui puisse venir ; ou encore le geste de remonter l'horloge pour s'assurer le temps, marquer les heures, fantômes d'une éternité immuable. Et que penser des gestes de l'écriture et de la lecture voués à consigner l'in-signifiant ?

Parmi les nombreux gestes de l'inspiration quotidienne accomplis par l'enfant de la haute mer, on ne manquera pas de remarquer l'absence du geste à caractère religieux, plus précisément du geste de la prière. Pourtant, il y a ce geste d'entrouvrir parfois la porte capitonnée de « *la haute maison* » (*EM*, 12) — l'église du village sur les flots — que le conteur mentionne explicitement, et qui semblerait venir mettre en doute ce que nous avions reconnu trop hâtivement être une absence du geste religieux. L'enfant de la haute mer est tentée et effrayée par la « haute maison » et le Sens qu'elle enclôt dans l'or vieilli de ses autels. L'enfant demeure sur le seuil, elle « *jette un regard rapide à l'intérieur, en retenant son souffle* ». Il n'est pas question pour elle, la morte évasive, d'entrer car ce serait se perdre, adhérer au Mystère, devenir totalement transparente à l'ombre et au silence... ce serait mourir vraiment. On remarquera d'ailleurs, au passage, comment se trouve nettement affirmée une incompatibilité entre ce qu'exprime une « maison de vivants » — le cargo — et ce qu'exprime la « haute maison », par le conteur attentif à ce que peut ressentir son enfant de la haute mer : « *Le cargot fit entendre sa sirène, mais cette voix ne se mêla pas à celle du clocher. Chacune gardait son indépendance.* » (18). La morte évasive, figure de l'écriture du conte, ne peut exister, prendre forme qu'en deçà de la « haute maison », sur le seuil, là où les « rumeurs obscures » se font entendre, là où se joue le drame d'un trait d'union entre le vivre et le mourir.

Se pourrait-il que dans la pureté empreinte de ferveur qui émane du « travail » de l'enfant de la haute mer occupée dans la mort à veiller aux « rumeurs » de la vie quotidienne, se dessine l'élan vers un *passage* à trouver. Se pourrait-il que par les mots mandatés pour traduire ce travail s'inscrive le désir d'un Pays sans nom? Car ce qu'il faudrait appeler l'obsession de l'enfant de la haute mer, se retrouve présent à l'écriture du conte « L'Inconnue de la Seine », comme à celle du conte « Les Boiteux du ciel », au sein de « rumeurs obscures » où fermente une sourde désespérance. Malgré tout il y aura toujours cette pureté qui essaiera de se frayer un chemin alors même que se dénie dans de tristes caricatures, ou dans un merveilleux par trop audacieux, l'entreprise du tracé d'un trait d'union entre la vie et la mort.

Le « faire à tout prix ressemblant », force dynamique de l'écriture de « L'Enfant de la haute mer », était marqué rappelons-le, par la touche délicate et pure d'un espoir insensé qui le sous-tendait : il s'agissait de l'histoire d'un village « flottant » dont la face demeurait tournée vers l'horizon où le ciel se mêle à l'Océan. Or, cette qualité du « faire ressemblant » se voit quelque peu dégradée dans la feinte somme toute assez calculée des Ruisselants (*IS*, 69) auxquels l'inconnue de la Seine se trouve, par la force du destin, associée. C'est un discours descriptif teinté d'une ironie sensible qui compose le récit de ces noyés et naufragés s'organisant en une société de non-vivants, dans des profondeurs maritimes où aucun ciel ne se reflète, ni ne pénètre. Ils s'aménagent un *ici-bas* vivable... dans la mesure où ils feignent, pour le constituer, les besoins des vivants. Mais la feinte se prend à son propre piège : l'*ici-bas* des Ruisselants va bientôt se parer des reflets du Mal qui tient au véritable ici-bas terrestre des vivants. Il va engendrer ces mêmes « *grimaces affreuses de la vie* » (l'envie, la haine, la méchanceté...) (81) qui font désirer la mort. Triste caricature, s'il en est une, du désir de vie poursuivi dans la mort, du trait d'union que s'efforçait de tracer l'enfant de la haute mer.

Triste caricature certes, mais qui se voit dénoncée, ou plus exactement qui voit son efficacité amoindrie, battue en brêche, par quelque chose qui veille dans la mémoire de l'Inconnue évasive; quelque chose qui introduirait une ressemblance avec l'enfant de la haute mer. En effet l'Inconnue s'avère incapable de jouer le jeu au-delà de toute désespérance des Ruisselants; elle ne peut ni s'accommoder de la mort, ni pactiser avec elle. L'Inconnue, d'une certaine manière, continue à exister *évasive* par la persistance d'une pensée : son regret d'avoir appelé la mort au secours de la vivante désespérée qu'elle fut un jour, sur terre. Combien d'ailleurs est lourde de sens la réflexion des noyés autour d'elle qui soupçonnent son irrémédiable *différence* dans la mort : « *Mais elle est vivante* » (*IS*, 78). Dans le désir de la terre qui s'empare de l'Inconnue, se glisse une tentation de pureté; il semblerait même que ce soit là le vrai centre de gravité du conte. Ce désir s'exprime dans le désespoir de l'évasive de ne voir venir à elle, dans le monde des Ruisselants, que des objets morts — des objets qui ont perdu leur *vérité* parce qu'infidèles à leur ordre, à leur fonction. Ils ne sont plus que « *des fragments de vie, sans la vie* » alors que quelque chose en elle ne cesse de désirer des objets fidèles, sans doute à l'image de ceux de l'enfant de la haute mer. Le désir de la terre qui possède l'Inconnue comme malgré elle, s'exprime également dans une sorte de nostalgie des bruits, de l'animation vraie, et pourrait se résumer dans le reproche à peine voilé qu'elle adresse au Grand Mouillé[43] : « *Vous ne pensez donc jamais vous, aux choses de là-haut ?* » (77).

Les choses de là-haut... l'expression bien que familière se détache, prend de l'importance. Le lecteur se voit arrêté par l'image libérée soudainement, qui avoue la nostalgie d'un irrémédiablement perdu. Avec elle, se profile la relation ici-bas — là-haut riche de toute une histoire mythique. Or cette relation s'inscrit dans le cadre d'une transposition ; elle surgit du désir de la Terre qui envahit une évasive prisonnière de la mort ; *ici-bas* désigne l'abîme du par-delà la mort qu'aménagent les Ruisselants, et *là-haut* désigne le royaume de la vie, la Terre. Une telle transposition suggère une sorte de sublimation du monde des vivants en un « ciel », par laquelle s'exprimerait peut-être une reconnaissance de l'excellence de la vie en elle-même, de son éternité en laquelle veulent croire ces morts qui n'ont jamais pu s'endormir.

C'est dans cette perspective qu'il nous faut lire les dernières lignes du conte. L'Inconnue mue par son désir des choses de là-haut, revient vers ce qu'elle avait fui ; elle remonte rejoindre la vie, c'est-à-dire sa *vraie* tombe creusée dans cette terre des vivants, une tombe que les Ruisselants considéraient comme une prison odieuse à laquelle il fallait échapper à tous prix (*IS*, 77). L'Inconnue, nous dit le narrateur, aspire à « *mourir enfin tout à fait* » (81). Mais que signifie ce *tout à fait* quand le même narrateur semble vouloir en infirmer le sens, notant qu'alors l'Inconnue retrouve son « *sourire d'errante noyée* »? Le sourire de l'oubli qui en son sens premier et véritable, serait le signe d'une mémoire qui veille. Sur ce sourire demeure la tentation de l'obsédant trait d'union à tracer que l'écriture, impuissante, n'a pas su achever... Et cela rejoint l'inachèvement de « L'Enfant de la haute mer » : « *Et la fillette* [...] *dut recommencer d'ouvrir et de fermer les volets sans espoir* » (*EM*, 21). Ouvrir, fermer sur quoi? sur un Pays qu'il lui est impossible de nommer, sur le rivage du miracle d'une rencontre au sein de « *l'oublieuse mémoire* »[44], entre le vivre et le mourir.

Dans le conte de « L'Inconnue de la Seine », les « rumeurs obscures » d'une création poétique qui se voudrait capable d'encercler le vivre et le mourir, se sont avérées vibrantes de l'expérience de l'enfant de la haute mer, une expérience que Maurice Blanchot, dans son « Hommage à Supervielle », saisissait en ces termes : « *Là, quelque chose est oublié et cependant d'autant plus présent qu'oublié* [...] *pouvoir d'oublier sans fin en l'événement qui s'oublie;* MAIS OUBLI SANS POSSIBILITÉ D'OUBLIER. » (p. 749[45]). Or, ce même travail des « rumeurs obscures » marquées du signe de cette même expérience, va se poursuivre dans le conte « Les Boiteux du ciel », et peut-être même d'une manière plus provocante dans la mesure où, à cause du sujet choisi, le rapport qu'entretient le conte avec la profonde mémoire immémoriale s'affirmera plus ouvertement.

Dans le royaume du par-delà la mort éternellement indéfini, si tant est qu'on puisse le définir ainsi, règne une mémoire d'abîme où viennent se réfléchir dans l'Indifférence, toutes choses de la Terre depuis le fond des temps. Les Ombres d'un peuple immense font mine d'assurer la pérennité des reflets de la vie dans des ombres de gestes que le texte narratif traduit en une pantomime fantomatique. Il serait bien difficile de percevoir dans le mode de structure du récit d'un tel simulacre, quelque ferveur pour obéir au « faire ressemblant à tout prix » qui se lisait dans « L'Enfant de la haute mer » : Pourtant dans le texte, se glissent certaines expressions récurrentes d'un langage quotidien de vivants aux prises avec les difficultés de l'existence ; ce sont en fait des échos, des bribes d'une sagesse populaire se transmettant de génération en génération, des réflexions empreintes d'un vrai bon sens qui, résonnant, s'inscrivant dans le Sahara du ciel, font pour ainsi dire « taches de souvenirs », mais aussi d'une certaine façon, « taches d'espoir »...

Qu'il soit prêté aux Ombres — ou si l'on préfère aux âmes, puisque le poète ne semble guère faire de différence entre ces deux termes — des expressions telles que « *ça passera* » (*BC*, 90), « *ça finira bien un jour* », « *vous n'êtes pas à plaindre, il y en a de plus malheureux que vous* », cela réintroduit une opacité de vie bien concrète, bien banale et en quelque sorte rassurante, dans l'immuable transparence de ce Sahara du ciel. Au rythme de tels échos, le lecteur peut suivre une attente qui se creuse, sous-tendue par le besoin de se relier au sensible. C'est l'attente d'un bruit, d'une musique à *entendre* qui entérinerait une rupture, un désordre heureux dans le calme absolu, effrayant qui submerge le cri et le rend inaudible[46]. C'est l'attente de l'apparition d'un fragment de vie « en dur » d'un objet à saisir qui viendrait « gâcher » la fantomatique pantomime au sein du royaume de l'Indifférence. C'est en fait, l'attente du miracle d'une incarnation... Mais dans le monde des Ombres que l'imagination du conteur construit pour dire le par-delà de la mort hors de toute saisie, attendre un tel miracle revient à demander que le « qu'il fasse humain » coïncide, s'identifie à un « qu'il fasse divin ». Ne serait-ce pas là, la raison profonde de l'écriture du conte « Les Boiteux du ciel » ?

De fait, au centre du récit, l'objet « en dur » tant attendu surgit, et le narrateur nous entraîne dans une sorte de tourbillon d'espoir insensé qui s'empare des Ombres. Or, cet objet n'est autre qu'une longue boîte en bois blanc dont la présence rend soudainement sensible l'inexorable silence : on *entend* le craquement du bois (*BC*, 92-3). L'espoir se concentre sur ce signifiant de la mort, cette forme de cercueil qu'il faut saisir, ouvrir pour en *lire* le secret. C'est ici que, dans la trame du conte, vient s'inscrire le miracle.

Il s'agit du miracle de l'amour : pour elles seules, deux Ombres qui s'aiment — ce sont deux Ombres infirmes — réussissent à ouvrir la longue boîte en bois blanc, et à faire éclater le Merveilleux. Outre des objets familiers, le cercueil contient une carte du Ciel, invitation au voyage pour ces deux ressuscités. En effet, la narration nous fait suivre quasiment pas à pas, la reformation du corps de chacune de ces deux Ombres — un corps, semble-t-il, libéré de son infirmité terrestre. Cette reformation nous est décrite comme un chef-d'œuvre unique qui lentement se dégagerait de l'Ombre, une Création nouvelle en quelque sorte.

Des boiteux promis à une résurrection des corps en corps glorieux, qui commencent une vie nouvelle en s'orientant, grâce à la carte, dans le Royaume des Cieux... tout cet agencement de l'aventure laisse percevoir une tonalité nettement évangélique. En ce sens, le miracle des boiteux du ciel ne se présenterait-il pas comme une version possible, ou mieux comme une mise en histoire de « *la grande surprise qui arrivait du fond des temps* » (*EM*, 9) que le regard lumineux de l'enfant de la haute mer « *vous faisait passer dans le corps jusqu'à l'âme* ».

L'écriture du conte « Les Boiteux du ciel », risque dans la désespérante Indifférence du monde de l'après-mort, quelques arrhes sur un salut divin, sur une révélation eschatologique.

Mais le trait d'union tenté sous la forme du miracle de la résurrection des deux Ombres infirmes, semble bien se déformer une fois de plus, en un point d'interrogation. Qu'en est-il en effet du destin de cette multitude que forment toutes les autres Ombres qui se pressaient autour de la longue boîte en bois blanc? Le récit focalisé dans sa majeure partie, sur le miracle des deux boiteux, semblerait les avoir oubliées. Le silence qu'il tend et garde sur elles alors que l'aventure s'achève, fait retomber toutes ces Ombres dans leur transparence absolue, dans la grande mémoire impersonnelle. Le lecteur a le sentiment que le conte demeure en suspens sur l'élan qu'il avait déployé pour « créer » le miracle. N'y aurait-il pas là trace d'une ironie profonde qui, nous semble-t-il, modèlerait un texte secret que le poète porte en lui, et dont l'œuvre en offrirait des reflets? une ironie dont il est possible de soupçonner la nature et la force d'impact, à travers plusieurs réflexions consacrées dans des « Notes » où le poète cherche à rendre compte de sa familiarité avec le divin qui, nous dit-il, est faite « *d'élans et de longs silences de bonne volonté* » (p. 756[45]). Parmi ces réflexions nous en retiendrons une qui pourrait offrir une épigraphe très valable à un conte tel que « Les Boiteux du ciel » : « *Si je ne parviens peut-être pas à croire vraiment en Dieu, c'est peut-être que je l'ai trop rêvé ;* » (p. 762[45]).

Chaque conte déraisonnable de Supervielle nous apparaît façonné sous le regard de l'enfant de la haute mer, modeste mais lumineux, qui serait l'image même de l'écriture du poète. C'est un regard qui se laisse dans son inquiétude même, fasciner par l'horizon de « la haute mer » tout en veillant avec dévotion aux plus simples et aux plus insignifiantes choses de la vie. On ne peut lire un tel regard sans s'interroger : qu'embrasse-t-il donc? vers quel Pays sans nom se tend-il? vers quelle Réalité qui ne cesse de se dérober à son appréhension? Ce sont précisément ces mêmes interrogations qui se soulèvent, mais avec une âpreté et une provocation nouvelles, à la lecture des contes que nous qualifierons de « terrestres », et particulièrement ceux intitulés « Rani » et « La Piste et la mare ».

Dans les contes « terrestres », les « rumeurs obscures » qui président à la formation de l'aventure à raconter, n'encerclent pas tant le vivre et le mourir, que l'œuvre de mort elle-même dans ce qui est donné à vivre aux hommes. En effet on peut suivre à travers le développement du récit, la dégradation du « il fait encore humain » par des forces cruelles, voire démoniaques, qui ont pour nom l'*abandon*, la *solitude*. La dynamique narrative du conte se concentre sur la représentation d'un signe d'identité qui s'établit entre existence et mise à mort : tragique caricature, disons-le tout de suite, de la tentation du trait d'union, du signe d'un échange possible entre le vivre et le mourir, tel que nous l'avait fait pressentir l'enfant de la haute mer, au cœur même de son angoisse. Dans le conte « terrestre », le vivant — mais il faudrait dire le « encore vivant » — se voit assiégé par la montée en lui et hors de lui de forces qui ouvrent grandes les portes de la folie.

La structure du conte « Rani » se fonde sur un réseau d'images qui dessinent le personnage cerné par diverses incarnations de ces forces. Il s'agit ne l'oublions pas, de celui qui ayant été choisi pour être le cacique de son clan, se trouve reconnu de par son initiation, capable de pénétrer les mystères, et par là même médiateur entre les vivants et les morts. L'histoire se découpe en une succession de tableaux qui marque les étapes d'un emprisonnement du personnage par une solitude toujours plus totale : Rani encerclé par les jeunes filles servantes de son épreuve initiatique, qui dans son délire, prennent l'apparence d'une grande horloge souveraine (*R*, 107);

Rani pris de vertige, enveloppé par les flammes d'un feu qui lui dévore le visage; Rani caché au cœur de la forêt, lieu « sans portes ni fenêtres » qui l'ensorcelle; Rani au visage brûlé assailli par les femmes du clan prises d'un désir et d'un désespoir hystériques; enfin Rani arrivé au *summum* de l'abandon, maître solitaire au centre des tentes désertées, avec le serpent qui vient se lover autour de lui (voir *R*, 109, 110, 115, 116). Cette dernière étape d'une sorte de « descente aux enfers », l'écriture la dessine, traçant littéralement l'avancée du serpent vers l'Indien, dans le dernier paragraphe du récit qui joue le rôle d'un épilogue consacrant la mise à mort : « *Et parce que tout était bien ainsi le-Serpent-des-jours-qui-nous-restent-à-vivre, auprès de l'Indien, mille et mille fois solitaire, vint se lover.* »

L'allusion à peine déguisée au « tout est au mieux » d'un certain Pangloss[47], laisse deviner l'ironie douloureuse qui préside à l'écriture du conte, la face d'ombre — si l'on peut s'exprimer ainsi — de l'ironie sous-jacente au conte « Les Boiteux du ciel ». Cette écriture qui attache son aventure à la création d'un personnage n'ayant plus d'autre espace à rêver que celui du reflet de son visage brûlé que lui renvoie le miroir, ne renie-t-elle pas son goût d'un Pays sans nom? Ne brise-t-elle pas la charpente qu'elle se donnait dans d'autres contes, à savoir le refus de considérer la mort comme une fin absolue, cette écriture qui fait exister un personnage n'ayant d'autre horizon que celui d'une folie de l'anéantissement?

Ces questions qui s'imposent au lecteur, viennent éclairer et donner un relief particulier au *moment* du Serpent, temps fort de l'écriture sur lequel s'achève le conte. En effet le discours descriptif « sculpte » sur la page la reptation du Serpent qui vient se lover auprès de Rani, à coups de traits d'union qui, de ce fait, se trouvent assignés à relier un reste de vie à son anéantissement sûr et total[48]. Est-il besoin de rappeler l'importance mythique de la figure du serpent, et qu'entre autres symboles, il est l'animal du néant qui perce à jour l'illusion et la détruit. Mais il fait également signe à l'immense mémoire souterraine propre, par-delà l'espace et le temps, à l'humanité entière. Le-Serpent-des-jours-qui-nous-restent-à-vivre vient parafer une désespérante et tragique victoire que n'avait pu remporter la vague dans « L'Enfant de la haute mer »; cette énorme vague qui déployait ses pouvoirs de séduction, qui se modelait à l'image du Serpent s'enroulant autour de la fillette évasive pour lui donner une mort définitive... et tout cela en vain : « *la fillette qui n'avait pas une égratignure* » (*EM*, 21) demeure à jamais l'*évasive*.

Bien qu'il ne se trouve pas explicitement tracé dans l'espace d'écriture du conte « La Piste et la mare », le-Serpent-des-jours-qui-nous-restent-à-vivre n'en est pas moins virtuellement présent au cœur de l'aventure qui se déroule. En effet, le lecteur a le sentiment que les composantes essentielles du récit — lieux et personnages — sont marquées du signe du Serpent; ils se présentent sans *avenir* véritable, et les diverses images qui les mettent en place et les font vivre, bordent leur néant. La pampa et son cavalier ne se profilent-ils pas comme « *un morceau d'avenir assiégé de toutes parts* », nous dit le poète (« *Le Gaucho* »; p. 32[10]).

L'histoire naît dans un lieu que définissent une immensité et une immobilité stigmatisées par les traces de ce qui furent des mouvements de vie, « *un désert de foulées, un monde immobile et fruit du mouvement, plein d'une torpeur posthume* » (*PM*, 142). On se trouve fort tenté de prolonger ce raccourci descriptif lourd de sens, en attribuant à ce lieu/espace du conte, quelques-uns des qualificatifs que Julien Gracq conférait à un grand chemin très vieux où se mêlaient les temps (p. 11[24]) : la piste au centre du désert ne dessinerait-elle pas une route *fossile*, un *signe engourdi*, *crépusculaire*? ne signifierait-elle pas précisément une *ligne de vie usée*, une *cicatrice blanchâtre*? Il faudrait relire en guise d'introduction au conte, le poème « *La Piste* » qui nous fait cheminer sur une route tenant effectivement du vieux chemin *fossile, mangée* qu'elle est par les foulées de tous les temps, *tordue* par la sécheresse; une piste où passent « *les sombres gauchos / traversés par le vent / comme s'ils n'étaient plus depuis longtemps de ce monde* » (p. 35[10])... une piste où règne la loi de la Mort.

Quant à la description de l'étranger qui surgit du lieu, elle prend la caractéristique de quelque collage insolite, voué à ne pas tenir : la découpe sur ce paysage de mort d'une silhouette de marchand ambulant que le narrateur prend soin de fixer à l'aide de quelques détails précis — type oriental, une mallette, deux sacoches — paraît pour le moins douteuse. D'ailleurs, le fait qu'elle se présente entourée de fumée, semble significatif : « *Sa pipe volontaire l'entoure d'une intimité ambulante, à l'instable architecture* » (*PM*, 141). Le personnage à peine mis en scène, ne serait-il déjà plus? Sur la piste — lieu d'écriture du récit — il se profile comme un *encore vivant* promu à l'effacement, désigné par le-Serpent-des-jours-qui-nous-restent-à-vivre. Pris au piège de sa propre solitude, il a franchi le seuil de l'extrême solitude. Inséré dans un contexte différent, on retrouve ici un cheminement fatal semblable à celui de Rani. C'est, nous semble-t-il, ce franchissement sans retour du seuil de l'extrême solitude, qui constitue, à travers des versions différentes, l'unique et véritable sujet des contes « terrestres » de Supervielle sur lesquels porte notre lecture.

Dans « La Piste et la mare », l'homme est ce vagabond qui s'achemine vers un point essentiel de la piste qu'il suit, à la rencontre d'un *moment* où il n'est plus possible de ruser avec la destinée, parce que le piège de ce qui se passe derrière l'inexorable immobilité se referme sur lui. À la montre du Turc, marchand ambulant, il est cinq heures, l'heure du seuil crépusculaire ; mais, nous dit le narrateur, « *il est bien plus tard dans son esprit* » (*PM*, 143) — une simple remarque certes, mais pour laquelle comme pour bien d'autres dans le texte de Supervielle, il faut savoir laisser se prolonger en nous le silence lourd de pressentiment qui la double. Entre l'immensité extérieure immobile et le vertige intérieur de l'homme ambulant, s'est opéré un échange par lequel sournoisement s'impose le spectre de l'Oubli. Le piège qui se referme sur cet *encore vivant*, la narration le construit avec un soin tout particulier.

Ce piège prend la forme de la ferme d'un gaucho — dernière étape sur la piste. Ce gaucho est un vivant qui depuis trop longtemps s'enfonce dans une connivence étroite avec la Mort. Dans la ferme, située au centre d'une terre que « *l'horizon attend sans surprise* »[49], pèse l'ombre lourde de l'angoisse que reflète la tonte des brebis décrite comme une quasi-mise à mort. En ce lieu rôdent les chiens qui, dans l'univers poétique de Supervielle, participent aux puissances de l'espace et aux mystères de l'au-delà ; ils prendront en charge jusque dans la mort, l'homme ambulant, ce vivant évasif (p. 25[41]). Dans la ferme du gaucho, au cœur d'un paysage de mort, on ne s'étonnerait pas de voir venir se lover le Serpent de Rani, autour de l'étranger qui oserait en franchir le seuil. En un mot, la ferme qui se dresse au centre du conte met en représentation un lieu où veille la Mort.

Or, c'est son reste de vie que l'étranger, cet *encore vivant*, avec ses *boîtes de pacotille* — ses riens sans valeur, ses mensonges —, vient commercer, troquer contre quel salut ? À nouveau viennent jouer dans l'espace de l'aventure qui se déroule, les « rumeurs obscures » d'une écriture qui tentent un échange entre le vivre et le mourir... mais ce n'est que par le truchement d'une « pacotille ». Ainsi, à peine amorcé, le trait d'union se trouve faussé, méprisé, voire même renié lorsque la caricature sombre dans l'amère dérision : le corps du marchand ambulant remonte à la surface de la mare ; se refusant à être définitivement l'*oublié*, il nargue les habitants de ce lieu de mort, avant de « *repartir pour d'invisibles aventures* » (*PM*, 157).

Toutes ces « rumeurs obscures » engendrant des divagations, inventant des traquenards oserait-on dire, s'acharnent tantôt à défier la Mort, tantôt à commercer avec elle. Elles naissent, se mettent en aventure, à partir d'une expérience intérieure trop intense, trop à vif, du « vivre et du mourir » chez un poète traqué comme Rani, l'Indien, comme le marchand ambulant... mais qui pourtant ne cesse d'être hanté par le regard d'une enfant de la haute mer, un regard qui veut croire en un Pays sans nom.

Dans ce travail des « rumeurs obscures » — celles du poète réveillant en quelque sorte celles du lecteur — se joue toute la chance du conte... et peut-être sa vérité profonde qui résiderait dans une hantise du Pays sans nom qui, bien que terriblement présent, se dérobe à ses mots et lui enlève tout pouvoir de fixer une sagesse salvatrice.

un nom si proche du silence

Si l'on voulait rassembler sous une unique épigraphe les contes déraisonnables de Supervielle que nous venons de lire, avec lesquels nous avons échangé pensées et rêves, une réflexion de Joë Bousquet ayant trait à ses paroles, semblerait tout indiquée : « *Mes paroles : elles sont les songes de mon silence.* »[50]. Le conte déraisonnable de Supervielle : *un songe de son silence* vibrant d'une mémoire angoissée. N'oublions pas ces vers d'un poème intitulé « *Sans Dieu* » :

> Je voudrais apaiser
> Ma plaintive mémoire

Je voudrais lui conter
Une patiente histoire. (p. 63[35])

Cette patiente histoire, on peut l'imaginer comme étant celle du tracé réussi d'un beau trait d'union entre le vivre et le mourir. Mais c'est précisément ce qui *ne peut pas* être conté, car ce serait le miracle accompli d'une faille, d'une déchirure dans un silence à jamais impénétrable, tellement *silence* que le poète ne pouvait que le qualifier d'« *assourdissant* » (p. 90[51]). C'est ce *silence* que le silence ténébreux, intérieur à l'être du poète possédé par l'anticipation de sa propre mort, voudrait tenter d'ébranler par ses songes... songes d'un Pays d'alliance, d'un Pays sans nom qu'il faudrait pourtant essayer de nommer, ou plutôt de surnommer à défaut de mieux par les pouvoirs de l'écriture.

Dans les constructions imaginaires de zones d'échanges à la fois espérées, craintes et même reniées, au cœur des « carrefours errants », par le jeu des « rumeurs obscures » entre le vivre et le mourir, se profilent les « *féeries de quelque poète noyé qui croit encore à la vie* » (p. 183[10]) sur lesquelles nous aimerions une dernière fois nous attarder.

C'est, nous semble-t-il, dans le premier vers du poème intitulé « *Loin de l'humaine saison* », que se dissimule la signification véritable des féeries d'un poète qui veut se voir et se dire, dans sa mort anticipée, un être de *pensée* croyant encore à la vie : « *Je cours derrière un enfant qui se retourne en riant* » (p. 182[10]). La féerie s'attache à la mémoire de l'enfant que fut le poète, et qui ne sera jamais plus — une disparition qui tout à la fois symbolise et consacre l'œuvre de mort dès lors ininterrompue dans l'être du poète. Or, par ses féeries, le conteur ressaisit l'enfant dans le tableau d'une poursuite pour le rejoindre, pour se relier à lui, à son rire; pour se brancher en quelque sorte sur une explosion de vie, au cœur de la mort. Du fait même que l'enfant se retourne, le trait d'union serait rendu possible entre le vivre et le mourir.

La poursuite de l'enfant « qui se retourne en riant », doit se comprendre comme le moment d'exception d'une rencontre très vite effacée avec l'Autre-le Même, « mort d'années », qui apparaît dans le cadre d'un jeu ; une rencontre qui nous incite à relire plusieurs pages de Victor Segalen, dans *Équipée*, qui justement sont consacrées à une rencontre de même nature. Nous retiendrons en particulier, quelques lignes que nous ne pouvons manquer de citer, tant elles nous semblent s'accorder à la forme d'une sensibilité créatrice chez Supervielle hanté par la mort. En effet, Victor Segalen, voyageur aux confins de la Chine/du monde du Divers, tente un passage invisible aux frontières du Réel et de l'Imaginaire, offrant ainsi une recherche qui ne semble pas tellement éloignée de celle menée par Supervielle, voyageur des « carrefours errants », des pistes pampéennes, aux frontières du vivre et du mourir. Voici donc ces quelques lignes tirées de la rencontre avec l'Autre-le Même, l'enfant de seize ans qu'il fut :

> Avant qu'il ne disparaisse en entier, j'avais eu le temps non mesurable, mieux : j'avais eu le *moment* d'en recueillir toute la présence, et surtout de le reconnaître [...].
> L'Autre, comme s'il me barrait silencieusement le chemin prolongé en dehors de moi, malgré moi, [...].
> Instant d'emprise directe, hors du passé périmé ; quelque chose est revenu.[52]

Dans l'imagination créatrice de Supervielle, joue, rayonne pourrait-on dire, l'image de l'enfant « *qui cherche son chemin / À travers les morts, vers le jour !* » (p. 186[10]) ; une image qui en déterminera bien d'autres dont le dénominateur commun sera précisément la tentation de faire exister un chemin, à travers la mort, *vers le jour*, ou si l'on préfère, de construire avec des mots un trait d'union de lumière. L'enfant

« qui se retourne en riant », enfant « de poésie », nous apparaît comme le signe d'un regard recueilli sur le Pays sans nom. Aussi, ce que l'écriture poétique devrait réussir à construire serait « *des ponts de soleil entre des pays qui s'ignoreront toujours* » (p. 37[10]). Elle devrait formuler une réponse à l'appel désespéré qui se fait entendre derrière le silence :

> Rendez-moi les quais de l'aurore !
> Je suis resté vivant dans la glu de la nuit.
>
> (« *Derrière le silence* » ; p. 88[35])

Que ce soit des « ponts de soleil », des « quais de l'aurore », ou bien d'autres images poétiques encore, le trait d'union de lumière se profile comme un motif déterminant dont il serait intéressant de suivre les divers travestis, les nombreux avatars dans l'œuvre entière du poète. Aussi n'y aura-t-il rien d'étonnant à ce que les contes qui consacrent l'impossibilité du trait d'union en le reniant dans une quasi-dérision, présentent un lien étroit entre le développement de l'histoire et le motif narratif de l'enténèbrement de la lumière du jour, ou celui du triomphe de la couleur évasive.

De la piste à la mare, c'est-à-dire d'une route aux couleurs effacées jusqu'aux eaux mortes qui refusent tout reflet et n'absorbent que des ombres, s'écoule le temps de l'aventure du marchand ambulant. La narration rend compte de l'œuvre de mort qui progresse, en l'accordant à cet espace, en la mettant au rythme de l'effacement lent du jour par la montée des ténèbres (*PM*, 146–8). Également dans « Rani », se compose le motif de l'enténèbrement ; des « *ténèbres effarées* » de la forêt au « *trou noir d'herbes et de terre* » (*R*, 111-3), les jours de l'Indien s'enfoncent dans des ombres de plus en plus épaisses, et la narration de l'aventure avance au rythme des *nuits* à compter (113).

Dans l'univers de ces deux contes où, rappelons-le, se renie le trait d'union, il semblerait malgré tout que le poète-conteur ne puisse renoncer à la tentation folle des « ponts de soleil », des « quais de l'aurore » entre le vivre et le mourir, et qu'il éprouve le besoin de se relier aux pouvoirs d'une lumière astrale, aux signes de clarté qui viennent s'écrire sur la nuit. De ce point de vue, il est intéressant de relever le geste d'une prière que le conteur de « La Piste et la mare » met en valeur : sur les traces de la mort laissées par le meurtre de l'étranger, la femme du gaucho jette un peu d'une terre « *qui avait passé la nuit sous le ciel* », puis se met à prier (*PM*, 156). Or, il s'agit de cette même nuit où l'on attendait que s'allument les étoiles qui « *font les aveugles* » parce qu'encore « *étourdies par la lumière du jour* » (146). Et n'est-ce pas aussi une sorte de prière qui s'exprime dans le regard de Rani — le Visage brûlé — tendu vers la lecture d'un texte que forment les « *cailloux de là-haut* » dans la nuit (*R*, 112).

C'est à « L'Enfant de la haute mer » qu'il nous faut revenir pour trouver l'image du trait d'union de lumière occupant une place centrale : elle correspond à un sommet de l'aventure contée. Le trait d'union est nettement traduit, en effet, par le sillage lumineux tracé au passage d'un vrai navire sur la rue flottante. C'est un chemin de lumière, de vie, venant jusqu'à l'enfant morte qui veille : « *La fillette* [...] *embrassa si longuement son sillage que celui-ci n'était plus, quand elle se releva, qu'un bout de mer sans mémoire, et vierge.* » (*EM*, 9). Le sillage de lumière apparemment disparu, a pénétré en quelque sorte l'âme de l'enfant. Il se pourrait d'ailleurs, que ce soit le reflet de ce sillage qui persiste dans les yeux gris de l'évasive dont l'étrange luminosité nous est signalée. Le désir du trait d'union de lumière serait alors inscrit dans le regard de l'enfant de la haute mer, comme le signe d'une survie possible de la conscience dans la mort.

Dans ces quelques lignes saisissantes qui décrivent la fillette communiant au sillage lumineux laissé par le navire, se reflète, nous semble-t-il, l'aventure du poète et de son Pays sans nom. Ces lignes, remarquons-le, trace un moment essentiel dans le processus du conte, celui où la morte évasive *comprend* le sens profond de la solitude. L'aventure du poète voulant « embrasser » dans et par ses mots, un Pays de lumière jaillissant jusqu'au cœur même de la mort, mais qui s'estompe et disparaît alors qu'on croyait le posséder, cette aventure n'est-elle pas *Solitude*? Et le messager de ce Pays ne serait-il pas un enfant « qui se retourne en riant » pour disparaître à jamais?

Le destin de l'image du trait d'union telle que nous avons essayé de la lire dans le texte de Supervielle, et particulièrement dans celui des contes, apparaît inséparable d'une quête de la lumière. Cette quête pourrait se définir comme étant celle d'un mince trait de clarté assurant la venue du jour, signalant un éveil dans la nuit de la mort que le poète « au travail » ne peut se défendre d'imaginer, d'anticiper au moyen de ses mots. Lumière d'une genèse recommencée, elle est essentiellement transparence arrachée à la Nuit, à l'Oubli. Le poète quête cette transparence dans laquelle se reconstruiraient les contours d'un monde vivant, et d'où émanerait à nouveau la sensation de vie; cela nous semble particulièrement sensible dans l'écriture des dernières pages du conte « Les Boiteux du ciel ».

Au sein du monde des Ombres entièrement perméabilisé — si l'on peut s'exprimer ainsi — à une unique couleur, le gris, teinte intermédiaire et évasive, va s'opérer le miracle de la résurrection de la lumière et des couleurs, conjointement à celui de la résurrection d'une sensation de vivre chez les deux boiteux. Le discours narratif semble prendre comme au ralenti, la double montée de la lumière et de la vie, au moyen de mots d'autant plus frappants qu'ils sont dépourvus de toute solennité, de toute emphase; seule une pointe d'humour vient éclairer leur simplicité, et appeler le sourire du lecteur qui se prête à ce jeu trop merveilleux : l'Ombre boiteuse « *sentit la serviette prendre du poids sous son bras. Et une sorte de bien-être lui montait dans ce qui avait été ses mains* » (*BC*, 101), pendant qu'en cette Ombre et autour d'elle, le gris passe à un « *gris luisant et presque lumineux, un gris rosé et pour ainsi dire rusé* ». L'achèvement du conte apparaît alors au lecteur, comme le prélude à un autre conte à écrire; un prélude qui met en place l'appareillage pour un monde métamorphosé en un Éden, dont la carte — une carte du ciel, ne l'oublions pas — se présente « *merveilleusement* CLAIRE *et* COLORÉE » (103).

Le conte de Supervielle retient, et d'une certaine façon endigue dans les limites de son histoire, l'intensité destructrice d'une interrogation qui se grave toujours plus profondément dans l'être du poète :

> Comment fait-on pour être de ce temps
> Quand l'éternel vous mord à tout instant
> (« *Interrogations* »; p. 153[36])

Parmi les écrits de Supervielle, des écrits qui, nous dit-il dans ses « Notes », « *sont plus ou moins une confession dans l'espoir d'une délivrance* » (p. 170[45]), le conte déraisonnable offre une dimension toute particulière dans la mesure où il compose le déguisement d'un rêve unique qui revient par intermittences — il faudrait dire par *moments d'exception* — se greffer sur le manuscrit intérieur que le poète *lit* dans ses nuits d'insomnie (p. 759[45]); se greffer et parfois même déchirer quelques pages de ce manuscrit, le vouant à la dérive, à « l'évasif », car il s'agit du rêve d'un Pays sans nom... le Pays d'un nom si proche du silence (« *L'Escalier* »; p. 158[35]).

Dans l'inachèvement de chaque conte, il nous semble

recueillir l'écho des derniers vers du poème intitulé « *Toujours sans titre* » (p. 191-2[35]) : « *Et vous* [poète] *pensiez avoir longtemps écrit* ». Et vous, narrateur, longtemps raconté ; et vous, lecteur longtemps lu... mais « *Il n'en resta que cette page blanche* », une page essentielle à écrire, à raconter, à lire,

> Où nul ne lit, où chacun pense lire,
> Et qui SE DONNE À FORCE DE SILENCE.

Page d'extrême solitude, page du Pays sans nom de Supervielle, qui ne serait pas sans refléter quelques traces de ce « crime de poésie » dont parlait Valéry dans *Choses tues* : « [...] *moyennant un transport indéfinissable, la puissance de nos sens l'emporte sur ce que nous savons. Le savoir se dissipe comme un songe, et nous voici comme dans un pays tout inconnu au sein même du réel pur.* »[53].

III

GEORGES SCHEHADÉ ET LA « CAPITALE FABULEUSE »*

Le livre des contes de Supervielle refermé, le lecteur a le sentiment d'avoir été porté tout le long de sa lecture vers des « rives » que l'on ne peut approcher qu'en « s'absentant ». Il ressent plus ou moins confusément les puissances magiques d'une simplicité tantôt aride, tantôt éblouie, que crée le conteur obsédé d'un Pays sans nom, ce poète qui déclarait « *se donner l'illusion de seconder l'obscur dans son effort vers la lumière pendant qu'affleurent à la surface du papier les images qui bougeaient et réclamaient dans les profondeurs* »[54]. Même si plus tard le poète reviendra sur cette déclaration, reconnaissant qu'elle était peut-être un peu forcée, il n'en demeure pas moins le désir impérieux, dans l'acte d'écriture, d'apprivoiser une lumière, d'éprouver une plénitude, de se soumettre en quelque sorte à la force des images qui font intensément histoire autour d'une blessure profonde de l'être, d'un secret impénétrable... Ne serait-ce pas ce que suggère la réflexion si pénétrée de recueillement dans sa simplicité même, sur laquelle s'achève le poème que Georges Schehadé écrivait en hommage à Supervielle : « *Tu dors comme un*

* Expression empruntée à Gaëtan Picon dans sa préface aux *Poésies* (Paris, Gallimard, « Poésie », 1969).

grand livre d'images » (*P*, 112). Remarquons que cette réflexion fait écho à ce que Supervielle lui-même disait lorsque, dans un entretien avec Étiemble, rapporté par René Vivier dans *Lire Supervielle*, il cherchait à définir le poète : « Même quand il dort, des images le hantent ».

Un grand livre d'images... c'est bien ainsi que nous est apparu dans son ensemble, l'œuvre poétique de Schehadé; une œuvre qui d'une certaine façon, répond aussi à « l'illusion de seconder l'obscur dans son effort vers la lumière », avec cette différence qu'en plus d'y répondre, elle consacre cette illusion en en faisant une sorte d'impératif créatif. Il ne s'agirait pas tant, en effet, d'une illusion à se donner, que d'une mission à accomplir avec tout ce que cela comporte de *vigueur*, de *patience* et de *tendresse*. On aura reconnu sans peine l'origine rimbaldienne de ces trois termes qu'intentionnellement nous avons détachés du texte « *Adieu* ». Ils nous ont semblé rendre assez bien compte d'un ton et d'une facture trahissant un mode d'être à la poésie qui s'accorderait à celui de Schehadé, tout du moins à celui que nous avons spontanément éprouvé dès la première rencontre avec l'œuvre. Aussi cédons-nous au désir de rappeler ces lignes de Rimbaud tant de fois citées, simplement pour laisser résonner dans l'espace poétique qui s'ouvre à notre lecture, les mots libérés de *veille*, d'*aurore*, de *splendides villes* qui, dans le « livre d'images » de Schehadé, feront peut-être entendre quelques échos imprévus : « [...] *c'est la veille. Recevons tous les influx de vigueur et de tendresse réelle. Et à l'aurore, armés d'ardente patience, nous entrerons aux splendides villes.* » (p. 117[25]).

C'est ainsi que notre cheminement de lecture, du *quotidien éclaté* de Dhôtel au *trait d'union* de Supervielle, s'est orienté vers les *Poésies* de Schehadé aux textes ciselés par les tracés divers d'un perpétuel surgissement du contradictoire, imbriqué dans ce qu'il est donné à l'homme de vivre. Avec elles, nous voici confronté à une véritable mosaïque d'images délicatement teintées aux couleurs de l'Orient ; des images qui disent une réalité quotidienne mêlée d'une attente alertée et recueillie dans les songes et les divagations engendrés par un désir de lumière ; des images creusant l'ombre des souvenirs. Chaque poème constitue un motif de cette mosaïque ; il se présente sans titre car il n'est que le fragment d'un tout qui cherche à se nommer, à se récapituler dans un Titre unique... mais qui échappe à l'épellation du poète.

étonnements

Dès la première page des *Poésies*, le lecteur se trouve arrêté. L'image que lui dessine sa lecture joue comme un signal : deux vers prennent possession du silence de la page blanche pour y graver un regard d'enfant :

> D'abord derrière les roses il n'y a pas de singes
> Il y a un enfant qui a les yeux tourmentés

Le lecteur se voit muni comme malgré lui, d'un gouvernail de lecture : le regard tourmenté d'un enfant qui dénonce le « décor » de l'humain, qui a besoin pour se poser et s'apaiser, d'un espace qu'aucun obstacle ne viendrait barrer, d'un espace qui s'ouvre... On se rappelle la remarque de M. Bob'le, ce personnage du théâtre de Schehadé, sorte de « poète loufoque » dont les fantaisies dénudent la gravité qui se dissimulait sous le burlesque : « *On a dû beaucoup parler dans cette chambre* », dit-il, « *il traîne encore des phrases... Il faut balayer. J'aperçois un mot d'enfant qui cherche à s'envoler...* JE VAIS OUVRIR LA FENÊTRE *!* » (p. 60[55]).

C'est donc pris dans la mouvance d'un regard d'enfant aimanté par un pressentiment et par la sollicitation de l'*ouvert*, qu'il nous faut entrer dans le « livre d'images » de Schehadé.

C'est, guidé par cet enfant que le poète identifie à « *son cœur* » (*P*, 99), qu'il nous faut apprendre à *voir* chaque image, à la soupçonner d'être une résurgence plus ou moins déguisée d'une grande image profonde... mais cette grande image se laissera-t-elle jamais lire ?

On ne peut commencer à cheminer dans le « livre d'images » de Schehadé, à fouler ses « *prairies* »[56], sans rappeler en quels termes son image se décrit elle-même. Par deux fois dans *Les Poésies*, son mode d'existence se définit au sein d'une métaphore où se trouve signifié un désir d'écriture spécifique :

> Je dis que je préfère
> Celui [*l'enfant*] qui dort dans un jardin de juin
> Avec une peine légère
> POUR LA SOLITUDE DES IMAGES (*P*, 62)
>
> Et POUR L'EXIL DE NOS IMAGES
> Nous donnons une ombre à chaque enfant du soir (*P*, 78)

L'image recherchée, façonnée par le poète, se définit en exil et en solitude, dans le sillage de l'enfant au regard tourmenté, accordé tout à la fois au familier et à l'étrange. Image en exil, elle se trace sur l'ombre de l'enfant du soir. Image en solitude, elle se trace dans la solitude de l'enfant endormi avec sa peine légère, en un lieu domestique d'abondance et de bien-être.

Ayant comme support l'ombre et le songe d'un enfant tourmenté, l'image s'écrit, et demande à être lue, livrée à l'insaisissable parce qu'empreinte d'une angoisse floue, au cœur d'une nature familière qu'elle dessine. C'est donc cette sorte d'image qui se désencadre et se libère du carcan de significations logiques que requérait un contexte bien défini, qu'il est donné au lecteur de rencontrer, c'est-à-dire essentiellement d'accueillir en lui. Même lorsque l'image de Schehadé reprend des éléments somme toute traditionnels du domaine d'une poésie à caractère lyrique, elle en efface la note conventionnelle, et l'exile dans l'insolite.

Dans cette image libérée, héritière des alchimies du verbe de Rimbaud, la marque du Surréalisme est là, indéniable. On sait d'ailleurs les liens qui unissaient le poète à Éluard, Max Jacob, Reverdy... Mais il ne faudrait pas oublier pour autant, que cette note surréaliste est mise au diapason du langage de l'Orient, où le merveilleux aussi bien que le fantastique sont nécessaires pour dire la plus simple réalité ; où l'on n'éprouve pas tellement de difficulté à vivre de plain-pied avec le mystère. Qu'on se rappelle à cet effet, la réponse teintée d'humour donnée au Métropolite Nicolas, dans *Monsieur Bob'le*, lorsque celui-ci demande une bonne définition de Dieu : « *Dieu est un mot usuel par excellence* » (p. 95[55]). Il ne faudrait pas non plus oublier la profonde sensibilité orientale aux charmes de la nature, entendus dans le sens d'une véritable magie du Créé[57].

Sans aucun doute l'image de Schehadé est une audace d'écriture. Elle trace des relations qui ne se manifestent pas dans l'ordre naturel des choses, et particulièrement du quotidien ; avec elle, l'effet immédiat des mots l'emporte, créant une dérive surprenante. Elle répondrait assez bien à une définition donnée par Gabriel Germain, de l'image *vraiment* poétique : « *inclusion visible de l'étrange dans l'apparence du familier* » (p. 311[58]) — et en cela on rejoint à nouveau l'implication surréaliste. Cette audace d'écriture n'est pas sans parenté avec la « *désinvolture de décharges électriques* » (p. 58[42]), le « *crépitement contagieux de courts-circuits* » qui se propagent d'une image à l'autre, dont parle Julien Gracq à propos du texte dit surréaliste.

La discontinuité sémantique sur laquelle se fonde la structure de telles images, est nettement accusée dans le cas de celles de Schehadé. En effet, on peut vraiment parler d'une *lumière* propre à l'image, d'une *étincelle* de sens d'un ordre autre, créée par des puissances signifiantes totalement étrangères les unes par rapport aux autres — éléments contradictoires constitutifs de l'image qui s'affrontent et se compénètrent. Or, reconnaître la présence d'une étincelle de sens d'un ordre autre que celui des significations communément admises, c'est avant tout signifier une ouverture par et dans l'image, une expérience de communication indéfinissable qui serait de la nature d'une fascination à des degrés divers, selon la force de dépaysement engendrée par l'image. C'est également pressentir la possibilité d'une rencontre avec un silence, ou plus exactement avec une parole de silence que la juxtaposition choquante a provoquée, ébranlée, comme si un souvenir perdu se serait désancré de quelque autre monde au-delà des mots. On a l'impression qu'à la formation de ces images président une appréhension particulière de la réalité — de ce qui *est à vivre* — et une disponibilité aux choses ainsi qu'à leur énigme qui suppose l'*étonnement* au sens fort d'ébranlement intense. Nés d'une logique imprévue, les parallèles sur lesquels se fondent les images de Schehadé, portent en eux la marque du surgissement de l'origine : ils naissent du regard d'un « *enfant* [*qui*] *se souvient d'un grand désordre clair* » (*P*, 58).

Dans *Les Poésies*, l'acte d'écriture se représente faisant œuvre de rupture et d'étonnement, c'est-à-dire œuvre d'accueil au « grand désordre clair » dont se souvient l'enfant, par le truchement de l'image récurrente des feuilles et du feuillage. Entre la feuille de l'arbre et la feuille de l'écriture, un rapprochement significatif vient spontanément à l'esprit du lecteur qui entre dans le jeu de l'image et se prend à rêver avec le poète créant. La feuille attachée à l'arbre se trouve tout à la fois enracinée dans la réalité de l'*ici*, et prise *là* dans un élan vertical; lorsque saisie par un frémissement plus violent elle se détache, la feuille répond à l'appel des espaces de l'ailleurs. De même la feuille d'écriture des *Poésies* attachée au réel d'une terre labourée par le Passé, et pourtant sans cesse sollicitée par une verticalité, s'avère toute vibrante d'un appel des distances à franchir vers *là*. Aussi n'y a-t-il rien d'étonnant à ce que le poète se dise « *indifférent aux feuilles mortes* » (*P*, 99) qui présentent une écriture figée, séchée ; il lui faut au contraire la « feuille fraîche » à l'écriture vivante, frémissante pour l'image qui *s'étonne*, surgit et... s'envole, car « *les ailes sont des feuilles vertes* » (22) :

> En terre d'Amazonie
> Sur une feuille fraîche
> Écris ceci :
> L'Europe est une rose (*NA*, 23)

La feuille d'arbre/feuille d'écriture se rêve dans l'univers des *Poésies* feuille du vent, de la mer, de la plaine, de folie et d'ombre (*P*, 16, 28, 60, 81, 101).

La fascination qu'opèrent les feuilles fraîches, vertes et folles, n'est pas sans rapport avec l'emprise qu'exerce sur le poète, l'enfance dont sa propre enfance ne serait qu'un fragment détaché qui, en se perpétuant sous la forme du souvenir, demeure relié mystérieusement à cette Enfance éternelle, à jamais commencement et jaillissement. Le poète éprouve l'enfance essentiellement comme une virtualité d'avenir ; de plus, on a parfois le sentiment qu'il en appelle à l'enfant comme à un privilégié des mystères. Lorsque sa plume trace le mot *enfant* associé aux mots de l'angoisse, de l'ombre ou de la nuit, ne serait-ce pas avec le secret désir d'infirmer l'irrascible cheminement de mort qui pénètre sa création ? Par le mot magique *enfant* qui, en lui-même, est signe d'ouverture sur un à-venir, l'écriture appose un *plus* devant ce qui s'avère désespérément négatif, même si ce mot n'est que signe tremblant, tourmenté, mouillé de larmes.

Pour le poète, il semblerait bien que *enfant* soit son maître-mot qu'il ne doit pas laisser échapper, mais retenir dans ses « prairies », dans son « jardin » pour y inscrire un passage vers son Pays sans nom. Aussi, fort significative nous apparaît la préférence du poète pour l'enfant qui dort avec sa peine dans un jardin de juin, à celui qui court dans une forêt (*P*, 62). Significative est également l'image de « l'enfant de grand sommeil » qui vient se juxtaposer dans la construction d'un des poèmes de *Poésies*, à celle exprimant le moment anticipé de la rencontre avec les Aïeux, avec la Mort :

> À l'extrémité d'une terre d'élégie
> Menant un enfant de grand sommeil
> Au bord des fleuves sans terres (*P*, 90)

Dans « *la maison des feuilles* » (*P*, 19) — l'enclos de sa création — le poète rêve « *en criant* ». Serait-ce un cri d'appel vers l'enfance porteuse d'éternité ? ou peut-être un cri de rupture de l'ombre « *avant d'être nuit claire* » (*NA*, 17) car, nous dit le poète, « *Par la plaie les feuilles s'envolent* » (*P*, 19) ? à moins que ce ne soit le cri d'ébranlement d'un « *grand désordre clair* » d'images ? Mais en fait tous ces essais d'interprétations se recoupent ; il s'agit du cri même de la *poésie* : « *Tel le chant du ramier* »[59], écrivait René Char dans « *La Parole en archipel* », « *Comme il est beau ton cri qui me donne ton silence* »[59]. L'image de Schehadé est frappée du sceau de ce cri d'où naît l'étincelle, l'*étonnement* comme nous le définissions précédemment. C'est un cri qui se laisse entendre et doit se lire à la jointure des composantes d'une image qui, dans ses multiples versions, décentre l'expérience quotidienne, exile le familier et tout son bagage de souvenirs dans une grande image, au sens bachelardien du terme : l'Enfance éternelle, indélébile.

Si, comme on a pu le dire, l'image de Schehadé se montre souvent empreinte de naïveté c'est, soulignons-le, d'une naïveté reconduite à son sens premier de *vérité simple* entendue comme reflet de la vérité profonde d'une vie qui « n'a pas un autre âge que *l'*enfance » — et il ne s'agit pas là d'*une* enfance, comme le faisait remarquer Gaëtan Picon dans sa préface aux *Poésies.*

Les images de Schehadé nous apparaissent alors formant la partition notée en mots, de cet « *air de prodige perdu* » (*P*, 26) que le poète croit entendre siffler sur sa campagne — sur sa *page* aimerait-on dire. Le terme de *prodige perdu* pourrait se comprendre comme une désignation métaphorique de l'enfance qui recélerait « *l'étoile étrangère à la mort* ». Écoutons ces images... Certaines composent sur la violence charmeuse de la nuit qui tel un personnage fabuleux de conte, « *accable de pierres* » (52) — pierres précieuses de la lumière nocturne —, « *jette nos lampes dans les arbres* » (53), ensorcelle avec « *des violons de pluie* » (65), « *laisse sur vos genoux ses médailles* » (73). D'autres modulent sur l'ombre jusqu'à provoquer le miracle où cette ombre se fera source de lumière pour éclairer les étoiles (*NA*, 40). Écoutons ces autres images chanter le jardin «*en cueillette d'éclairs* » (*P*, 29), des éclairs qui « *poussent les fleurs à la mort* » (35) ; ébaucher un extraordinaire paysage lunaire avec ses «*fontaines sans eau* » (74), son « *aigle blanc* » (102), son « *cristal de bonheur* » (58), ses « *grandes orgues froides* » (14)... Ce ne sont là bien sûr que quelques mesures de cette partition d'un « *air de prodige perdu* » (26) ; mais déjà elles témoignent d'un entremêlement des voix de la Mort et de l'Éternité; elles soulèvent du tissu du poème l'indéfinissable rayonnement d'un Pays sans nom.

La structure de l'image dans *Les Poésies*, tente un passage vers l'Enfance éternelle, ce « lieu » de la totalité du monde dans laquelle nous sommes impliqués. Rêvant d'une expérience de l'origine, elle instaure un ordre autre de significations. En inscrivant avec la rupture, le surgissement et l'étonnement, cette structure se fonde sur des discordances frappantes. Or, dans l'espace du poème, le « désordre clair » est également tangible au niveau de l'exploitation que le poète fait des temps verbaux et de leurs concordances. Le lecteur se voit en effet, confronté à une désorganisation des temps dans laquelle l'impératif fait saillie.

Le temps des *Poésies* s'avère celui d'une « *horloge qui sonne et appelle / Un enfant seulement endormi* » (*NA*, 39) ; mais derrière cette image, vient se profiler celle de l'« *enfant de grand sommeil* » (*P*, 90) associé à la rencontre avec les Aïeux, avec la Mort. Aussi « l'horloge » des *Poésies* donne-t-elle bien souvent l'impression de tourner à vide, enrayée qu'elle est par les nombreux *si* hypothétiques qui relancent les images ; des *si* derrière lesquels se dissimule une attente anxieuse du réveil de l'enfant. Écoutons l'« horloge » sonner au rythme des *si*, par exemple dans ce court poème :

> Un corbeau parle sur la montagne
> Ma mère en son pays se souvenait
>
> Quelle pourriture ou quelle nacre
> Si jamais je reviens ô fontaine
> Si l'ombre d'un arbre me conserve son jour (*P*, 91)

Nous pénétrons dans un temps où le présent exprimé s'entend comme une sorte de passé réveillé, qui se voudrait futur tout à la fois redouté et désiré ; un présent ressenti comme le passé d'un avenir qui seul compte. « *Le passé* », écrivait Claudel dans « Connaissance du temps », « *est une incantation de la chose à venir, la somme sans cesse croissante des conditions du futur* » (p. 140[60]). Cette « *incantation de la chose à venir* » se trouve sans conteste présente à ce que nous avons appelé la désorganisation des temps dans *Les Poésies* ; désorganisation mais aussi affrontement des temps qui contribue à créer l'impression de voir sur les « feuilles » incrustées, innervée de souvenirs, se reformer un Passé qui se dit et se saisit « *gîte du Futur* » (p. 214[61]), telles les feuilles jointes des grands schistes de Saint-John Perse dans « *Vents* », sur lesquelles se tracent « *les écritures nouvelles* ».

Dans le poème de Schehadé, il semble que ce soit le présent, et plus encore l'impératif présent qui opère une écriture nouvelle du Passé désigné comme « *gîte du Futur* » (p. 214[61]). Présences implicites du Je qui appelle à une quête, les impératifs se présentent dans *Les Poésies*, comme les indices d'une recherche qui n'a pas trouvé de solution. De plus, ils viennent accentuer la force verticale de l'élan qui s'appréhende au creux de l'image insolite ; ils en renforcent le cri de rupture et d'étonnement. On décèle à travers les poèmes, une sorte de jeu des impératifs qui déploient différentes tonalités de l'incantation d'un réveil de la vie dans une saisie anticipée de la mort ; tel le jeu des *rappelle-toi* qui jalonnent l'espace des *Poésies* :

> Quand je serai au plus loin de la terre
> — Ô branches tordues comme nos corps
> Rappelle-toi
> La patience sereine de mes soupirs (*P*, 24)

L'incantation d'un réveil s'exprimera parfois avec une force particulière, dans l'accentuation donnée par l'impératif à une image qui fait parenthèse dans l'espace du poème ; une image qui dessine une sorte d'entre-deux où retentit une invitation à croire à l'événement ; une image qui serait l'ouverture pratiquée sur un à-venir, telle cette insertion sans lien apparent avec les vers qui la précèdent et la suivent :

> Revenez revenez hirondelle
> Doux chant sans visage (*P*, 25)

ou cette autre :

> N'éblouissez pas l'oiseau qui me regarde (*P*, 53)

Il peut se faire également que l'impératif donne une légère note d'insistance à une prière murmurée, à une confidence trahissant le besoin du poète d'échanger quelque secret avec cet *autre* qui saura partager son écoute, sa passion de l'Enfance éternelle :

> Fermez mes yeux avec la rose de vos genoux (*P*, 51)
>
> Si tu rencontres un ramier [...]
> Fais un repos de tout ce qui est à lui (*P*, 93)

Peu importe qui est ce *tu* ou ce *vous*, ce qui compte c'est qu'il existe cet *autre* permettant le mouvement incantatoire dans l'élan d'un dialogue à établir.

La plupart de ces impératifs ont comme support le souvenir, alors même que leur objet exprime une tension vers un à-venir qu'il faut relier au « prodige perdu », à une « étoile étrangère à la mort ». Dans le silence précédant l'appel de chaque impératif, l'écho d'un vers qui nous apparaît comme une des lignes de force des *Poésies*, pourrait se faire entendre au lecteur pris dans le mouvement de l'incantation : « *Parce que nous sommes sans nouvelles de l'étoile* » (*P*, 35)...

Pour aller plus avant dans l'interprétation de l'image de l'étoile du Pays sans nom de Schehadé, pour déceler l'orientation profonde du mouvement incantatoire suscité et entretenu par les impératifs, trois images nous font signe ; en elles le mot *Temps* fait saillie et aimante leurs éléments de structure :

> Les oliviers qui ont eu des rois
> Pour attendre le Temps sous leurs images (*P*, 39)
>
> Le Temps est innocent des choses
> Ô colombe
> Tout passe comme si j'étais l'oiseau immobile (*P*, 74)
>
> La mort est fille du Temps bien-aimé (*P*, 75)

Parce que le mot *Temps* se trouve pris dans les rouages de la logique imprévue de chacune de ces images, et n'est plus engagé dans le train rapide d'une phrase ordinaire, il s'impose en mot solitaire, s'institue centre de gravité. Il devient « *magiquement embarrassant* »[62], comme le faisait remarquer Valéry dans son « Discours sur l'esthétique », justement à propos du mot *Temps* pris comme exemple pour appuyer sa réflexion sur le mot poétique libéré.

Dans les trois images de Schehadé que nous avons détachées, le mot *Temps* se change en une contraignante interrogation. Serait-ce le Temps que Claudel définissait comme une « *invitation à mourir* »[63] ? Mais serait-ce également le Temps du dépassement de la mort, celui qu'annoncent précisément l'olivier et la colombe? En effet, la première image associe le Temps *attendu* aux oliviers dont les visages sculptés, déformés, stigmatisés par le passage du temps, sont les signes d'une victoire sur la mort et de l'annonce du Temps des élus. Est-il besoin de rappeler la grande richesse symbolique de cet arbre reconnu comme l'arbre abrahamique des bienheureux (p. 699-700[39]). À propos de l'olivier on aimerait rappeler ce vers du poète Gabriel Germain : « *Arbre d'homme et de dieu, souche d'éternité* »[64]. La seconde image retenue associe le Temps *innocent* à la colombe qui, ne l'oublions pas, fut porteuse du rameau d'olivier à la fin du déluge. À l'oiseau *immobile* en qui les espaces viennent se récapituler, le Je voudrait s'identifier, c'est-à-dire se relier au principe vital, pur et impérissable que symbolise la colombe; se situer dans une harmonie parfaite étrangère à la mort (p. 269[39]).

Les trois images du Temps qui nous ont arrêtée, trament étroitement ensemble la Mort et l'Impérissable. Elles écrivent ce qu'on oserait appeler le « Temps de l'étonnement », car elles s'ouvrent sur des perspectives d'ordre eschatologique. Aussi peut-on se demander si les *rois* qui ont attendu sous les images des oliviers, ne seraient pas les Rois Mages à qui il a été donné de connaître le Temps du Salut, le Temps *bien-aimé* exprimé par la troisième image, celui qui engendre une mort marquée du signe de la résurrection.

"*même si* JE *m'égare*" (*P*, 20)

Pour créer le « grand désordre clair » d'images qui tente un Pays sans nom, pour que retentisse le « cri », il y a une voix qui dit *je* sur la page de silence offerte à l'écriture. Et cette voix n'est pas sans visage. Elle appartient à celui qui se regarde dans son propre tracé imaginé d'un homme dormant le « *front irrité de miracles* » (*P*, 16) ; un tracé qu'il voit se répéter « *à chaque tournant de route* », ou si l'on préfère « à chaque tournant d'écriture » :

> Et pour mieux être nous-mêmes avons rêvé
> Qu'à chaque tournant de route un homme dormait
> Le front irrité de miracles (*P*, 16)

La voix qui dit *je* sur la page de silence, est celle d'un homme hanté par la merveille, par un surréel pour lequel on pourrait reprendre la définition qu'en donnait Jean Monnerot : « *expérience* [...] *de l'irrésistible* » qui se dessine en opposition au « *quotidien irrémédiablement domestiqué* »[65]. Mais il nous faut tout de suite préciser que cette expérience, dans le cas du *je* des *Poésies*, naît du quotidien même qu'elle rompt en lui arrachant son caractère « domestiqué ». La voix qui dit *je* est celle d'un homme qui se livre au « *miracle de l'air* » (*P*, 27) :

> Tu aimes t'exposer au miracle de l'air (*P*, 27)

se laissant pénétrer par le mouvement des espaces qui le dépossède du quotidien « domestiqué », et lui fait éprouver qu'*il est solitude.*

Dans les vers de Schehadé, la réflexion de Rilke « *Nous*

sommes solitude » (p. 91[1]) — trouve sans aucun doute un écho profond. Le *je* connaît une solitude active, qui détache, dépossède pour atteindre à un essentiel :

> Pauvre que j'étais
> J'allais ainsi dans mes pensées
> À la rencontre d'une absence (*NA*, 42)

Ainsi s'exprime une démarche poétique où les forces créatrices naissent d'un abandon profond à l'*absence* qui se creuse dans l'être, et nourrit son désir insensé de déchiffrer un monde demeurant illisible : le monde de la mort. Mais écrire n'est-ce pas s'exposer à une sorte de mort ? Comment ne pas évoquer encore ici, un conseil que Rilke donnait au jeune poète avec lequel il correspondait : « *Aller en soi-même, et ne rencontrer durant des heures personne, c'est à cela qu'il faut parvenir* » (p. 61[1]).

Le Je avec qui le lecteur chemine, c'est aussi celui qui « *sans bâton ni route / marche derrière les grands paradis* » (*P*, 25) ; celui qui se voue à une marche dégagée de toute orientation, de toute assurance, qui se désigne comme une tension vers ce qui est inatteignable, vers cette chose imprimée « en blanc » au profond de l'être, par des moments d'intense *étonnement*, où l'on croit toucher le seuil du Pays sans nom.

« *Je ne me définis que par la fin à laquelle je tends* », avouait Jean Grenier qui lui aussi connaissait des moments d'intense *étonnement* à partir desquels il construisait ses îles : « *ce* Je *n'est lui-même qu'une tension* », ajoutait-il[66]. Ces réflexions, à bien des égards, conviendraient au locuteur des *Poésies* qui souvent donne l'impression d'être halé, dans son cheminement à travers ses souvenirs — « *gîtes du Futur* » (p. 214[61]) —, par des oiseaux qui lui apprennent la perte de la vue (*P*, 104). Même s'il trace des jardins, lieux sûrs et apprivoisés, il le fait en poursuivant des fables (82) et en leur imprimant le signe des oiseaux « *qui voyagent / Entre le jour et la nuit comme une trace* » (71). Aussi le lecteur qui s'attache aux pas de ce Je, a-t-il de plus en plus le sentiment d'être pris dans les arcanes d'un *traceur* de distances et d'espaces aussi bien extérieurs qu'intérieurs. D'ailleurs chaque poème lu, c'est-à-dire, profondément *reçu*, ne laisse-t-il pas chez le lecteur la *trace* d'un indéfinissable voyage entre le jour et la nuit ?

Toutes ces tentatives du lecteur de découvrir le vrai visage de celui avec qui il s'est mis en marche, toutes ces approches du Je des *Poésies*, en fait, nous conduisent à une image capitale qui les résume et leur donne leur véritable dimension :

> Il y a loin
> En Asie joliment longue
> LE NAGEUR D'UN SEUL AMOUR (*NA*, 28)

Le Je du poème de Schehadé est un *nageur* qui, avec toutes les forces de son être, écrit dans et sur le mouvement. Comme le nageur, par la surface de l'eau, communique avec les grands fonds insondables, le Je par la page éminemment sensible qui répond à son désir lorsqu'il la pénètre de ses signes, communique avec un *pays* de la profondeur. On ne peut manquer ici d'évoquer Valéry qui, en des pages frémissantes d'exaltation, décrivait la nage comme l'expression même de la création poétique — un acte d'amour. À propos du nageur et de l'eau universelle, il écrivait : « *Il la possède, il engendre avec* ELLE *mille étranges idées. Par elle, je suis l'homme que je veux être* [...] JE COMPRENDS À L'EXTRÊME CE QUE L'AMOUR POURRAIT ÊTRE. *Excès du réel !* » (p. 667[55]). À cette exaltation valéryenne, répond en sourdine, comme un murmure trahissant une dévotion intérieure très forte, ces deux vers de *Poésies* :

> Ce souvenir de Galilée est très petit
> Il y avait l'eau et moi tout seul (*P*, 36)

Le nageur, traceur de solitudes et d'abandons, va s'imposer

comme celui qui annonce, celui dont la parole est expérience. Le lecteur des *Poésies* se sent placé, pour ainsi dire, sous l'autorité de ce *nageur*, et par là même sous l'emprise d'une tentation du Pays sans nom. On serait incité à voir dans le Je du dire poétique de Schehadé, le héros-prophète qui poussé par un désir qui le dépasse et le mandate, vit dans le secret de lui-même, un grand dessein de silence auquel il rapporte tout le vécu, tout le réel jusqu'à la simple banalité ; un grand dessein qui lui est impossible de commenter, mais dont il se fait le tentateur par ses images imprévues et provocatrices.

Si d'un grand dessein de silence il est le tentateur, le Je des *Poésies* en est également, dans une certaine mesure, l'exécutant : *Je dis*, *J'annonce* scandent le développement de la « marche » poétique de Schehadé, tel le leitmotiv d'un parler supérieur qui se porte garant d'une promesse à réaliser ; un parler pénétré d'une force particulière que l'on pourrait qualifier de prophétique, mais qui nous semble plus encore témoigner des pouvoirs extraordinaires attachés au poète en tant qu'alchimiste du verbe :

> Je dis fleur de montagne pour dire
> Solitude
> Je dis liberté pour dire désespoir (*P*, 63)

Les *je dis*, *j'avais dit*, ou *je te dis* dans l'univers poétique de Schehadé, viennent ratifier une fonction qui ne serait pas sans ressemblance avec celle du Poète situé « *sur la chaussée des hommes de son temps* » (p. 229[61]), que Saint-John Perse définissait dans un passage métapoétique de *Vents*, parlant de l'occupation du poète[67] :

> Son occupation parmi nous : mise en clair des messages. Et la réponse en lui donnée par illumination du cœur. (p. 229[61])

La réponse donnée « *par illumination du cœur* » justifie en quelque sorte le terme de *tentateur* d'un grand dessein de silence que nous avancions précédemment, c'est l'« illumination du cœur » qui fait dire avec assurance « fleur » pour Solitude, « liberté » pour désespoir ; qui appelle de ses « mensonges » un Pays sans nom pouvant se décrire à l'image du « *grand pays plus chaste que la mort* » qu'annonce le Voyageur d'*Anabase* (p. 110[61]).

Le Je du poème, traceur, nageur, tentateur... s'avère en définitive possédé par un songe unique où le plus simple quotidien, le souvenir le plus ténu, l'émotion la plus fugitive, *font* de l'éternel ; un songe, nœud vivant à partir duquel se compose la mosaïque des *Poésies*. Or, du dernier fragment de la partie placée sous le titre « Le Nageur d'un seul amour », se détache une scène privilégiée, engendrée au sein du songe, et que les mots saisissent comme une chose unique, précieuse autant qu'impénétrable :

> Et c'est dans un ciel noir fuyant ses étoiles
> Une fenêtre à l'aurore
> Avec une tête penchée de femme
> Et qui demeure dans le songe une énigme (*NA*, 48)

Des fermentations obscures du songe, montent et se forment des signes ; ils s'ordonnent en un dessin qui fait énigme, autour de deux éléments de composition : un cadre qui se présente comme une ouverture définie, prise dans une lumière naissante ; et une tête penchée de femme qui s'y dessine, dissimulant son regard.

Ce tableau sans nom ne serait-il pas une sorte d'épure qui présiderait à la naissance du poème de Schehadé ? Et l'écriture même du poème ne répondrait-elle pas à un acharnement passionné à vouloir *nommer* la scène du songe unique, à lui voler cette « chose » à *lire* qu'elle cache ? À quoi s'emploient les mots du poète, si ce n'est à « assaillir » ce tableau, le reformer et le barioler à coups d'images, le commenter — ce qui revient à l'imaginer toujours à nouveau — dans un enchevêtrement de bribes de souvenirs, de contes et de « mensonges » qui ne pourront que demeurer en deçà de l'énigme précieusement sauvegardée par le songe. Pourtant le « faire » du poème opère une sorte de mutation du songe, une transformation secrète en une union réalisée avec le mystère... car il y a cette tête penchée de femme qui relie à un visage présent au cœur de l'aventure poétique de Schehadé : celui de l'Icône.

Si toute œuvre artistique se réfère à trois termes : l'artiste, sa création, le destinataire, l'Icône fait apparaître un quatrième élément qui brise ce cercle fermé de la communication. Il s'agit de l'avènement du transcendant dont elle atteste la présence. Elle dit et donne à lire un rapport d'appartenance et de communion avec l'Indicible divin. On comprendra alors toute la portée, disons même toute la force d'impact des références à l'Icône, explicites ou suggérées, qui viennent s'incruster dans le tissage d'images qu'offrent *Les Poésies*. Parce que l'Icône pénètre dans l'intimité de la vie quotidienne et familiale en Terre d'Orient, elle ne pouvait manquer d'être présente à une écriture du quotidien que les images exilent sur les chemins qui tentent d'atteindre le seuil d'un Pays sans nom.

« *Vous êtes dans les églises de mon rêve* » (*P*, 54) — Vous, l'icône de la Vierge, indispensable aux édifices sacrés qui se construisent dans l'imaginaire du poète ; édifices où s'entend et se recueille le premier rythme du poème, où se célèbre pour ainsi dire le culte même du poème à former :

> Je vous retrouve dans une église la nuit
> Icône de très douce patience
> Et c'est folie d'être si près de vous et de ne pas voir
> Dans vos yeux humbles comme la nuit et plus noirs
> Ce poème encore jamais écrit (*NA*, 44)

Indispensable au poème est le regard immobile de l'Icône, essentiellement seuil entre notre monde et l'Innombrable. C'est un regard dans lequel se récapitule le visage ; il ne vous fixe pas, et vous ne le rencontrez pas. Simplement on apprend à entrer en lui, à le prendre en soi-même, dans la mesure où l'on se livre à son mystère. D'ailleurs, l'Icône des poèmes de Schehadé nous est présentée le plus souvent, les yeux baissés, signifiant ainsi sa qualité de gardienne d'un chemin intérieur qui mène à une révélation. Par les pouvoirs de ce visage tant contemplé, les forces imaginatives ont donné naissance à des figures de femmes liées à des images d'ouverture et de franchissement. Elles hantent les poèmes, ces femmes, jeunes filles, madones guidées par une figure qui fait saillie : celle de la mère.

La figure de la mère inscrit la coïncidence entre le désir du poème et le désir de l'Enfance ; une coïncidence perceptible à travers la simplicité et la naïveté de vers tels que « *Ma mère qui était plus poète que moi* » (*P*, 40), « *Ma mère belle comme des milliers de matins* » (101). Avec elle, les autres femmes protagonistes du poème, font don au Je de l'écriture, d'un regard de nuit qui déjà annonce une clarté d'aube, un passage vers la lumière naissante :

> Et vous étiez cette femme et vos yeux mouillaient
> D'aurore la plaine dont j'étais la lune (*P*, 17)
>
> Tu as vu la jeune fille qui vient de la mer
> [...]
> L'aube a salué les yeux noirs (*P*, 28)

La figure de la femme trace à travers une terre d'ombre et de solitude, un mouvement de dépassement, car elle ne cesse d'être *en route* pour autre chose, pour une mission de lumière : « *Sur cette plage abandonnée / Elle ne venait que pour s'en aller* » (*NA*, 31), et les Madones du poème « *dépassent les champs de leur pays* » (*P*, 81).

Converses d'une écriture qui ne cesse d'être tentée par son dépassement, les figures de femmes qui hantent l'univers des *Poésies*, sont autant de reflets animés de l'Icône « *aux yeux noirs baissés comme des châtaignes* [...] » (*NA*, 26), de cette Icône qui « *Par le désir de son image est un enfant doré* », et que le poète entoure de ses bras l'invoquant en ces termes :

> Je lui dis : Ô Femme du ciel
> Vous qui donnez le pain et la pensée
> À qui longtemps vous regarde (*NA*, 26)

Cette Femme du ciel, le poète la nomme également « *Religieuse du poème* » (*P*, 31). Aussi sommes-nous tentée de lire entre les lignes de cette invocation : *Vous* qui donnez au poème sa forme véritable et sa mystérieuse destination. *Vous* qui êtes liée étroitement à l'acte d'écriture du poète : « *Je vous appelle Marie* / [...] *le feuillage est fou de toi* » (83) — feuilles d'arbres, feuilles d'écriture...

Telles les icônes de l'église du village à l'approche de la nuit dans un ciel de bougies (*NA*, 37), les femmes du poème de Schehadé *voyagent*; leur présence écrit une mise en route du poème vers le Pays sans nom qui ouvrirait sur l'Enfance éternelle. Elles possèdent le secret du Seuil, car elles sont à l'image de ces « *Femmes angéliques et noires* » (40) associées au mystère de la Croix, de la Création sauvée.

transparence

Les « feuilles » du poète où se décalquent en reflets variés et déformés les tracés inscrits dans un songe unique, les « feuilles » ivres de distance, folles d'un regard d'Icône recélant le poème à faire, toutes ces « feuilles » ne poursuivent-elles pas des mots qui feraient penser à ceux recherchés par Lorand Gaspar, le poète de *Sol absolu* : « *Nous cherchions des mots pour courir de vastes étendues où la lumière se penche et tremble un instant sur le seuil annulé* » (p. 119[32]). Écrire... courir de vastes étendues, aller dans la distance jusqu'à ce point extrême où s'annule le seuil, dans le frémissement d'une lumière qu'on ne saurait dire si elle naît ou meurt, dans une clarté d'origine et de fin.

Pour Schehadé, le « sol absolu » de son écriture n'est certes pas un désert, pourtant sa campagne faite de prairies, de jardins, de lieux déterminés et familiers, ne cesse de s'absenter, de rêver en termes de grandes solitudes... à cause d'un horizon de mer et de montagnes. De fait cette campagne, par le pouvoir d'un « *désordre clair d'images* » (*P*, 58), par le travail et la dérive des « feuilles », se métamorphose en un lieu excentrique, un lieu en expansion indéfinie, tendu vers une transparence au Lieu où origine et fin « se mélangent séparément », telles « *la tristesse et la joie de la mer / Se mélangent séparément — sur la plage au déclin du jour* » (*NA*, 21).

L'écriture du poète « court » une étendue dont elle voudrait se rendre maîtresse, entre *ici* et *là*; une étendue dont elle voudrait connaître pour l'accaparer, l'extrême limite, *là* :

> Que je sois là et tout sera fini
> Je rêve et je suis ici (*P*, 57)

Ainsi s'exprime une errance dans le songe qui ne serait pas sans rappeler celle de Supervielle :

> Suis-je ici, suis-je là? Mes rives coutumières
> Changent de part et d'autre et me laissent errant. (p. 14[36])

Entre *ici* et *là* joue la magie d'un à-venir, alors même que le terme *là* échappe à toute saisie, à toute signification exprimable. Le poète rêve dans l'*ici* de son écriture, à *là* qui serait une expansion de l'*ici* que les mots et les images s'emploient à construire et à faire vivre.

L'expansion de l'*ici* se dit par les plaines, les pays, les nuits qui se répètent à l'infini, créant une étendue qui ne cesse de s'accroître. On remarquera que la structure de ces images, au niveau formel, trace une avancée incessante reprise par l'image sonore des allitérations. Il faut se laisser prendre par le mouvement d'expansion qu'écrivent des vers tels que :

> De plaine en plaine en perdant la vue
> Nous nous vivrons dans nos mémoires (*P*, 34)
>
> Et les pays se perdent dans les pays (*NA*, 41)

d'autres images désancrent des sites familiers ; elles les libèrent de la contrainte des limites, afin qu'ils ne soient plus que pure étendue : les plaines sont *sans pays* (*P*, 67), le bois *dételé* (79), quant à la fenêtre d'une maison oubliée, elle perd son cadre dans « *le ciel d'une prairie* » (*NA*, 39). Le poète lui-même se voit et se dit dans l'expansion de l'*ici*. Il fait de certains moments de son écriture une anticipation du Moment où il sera « *au plus loin de la terre* » (*P*, 24), où il sera « *à l'état limpide de pierre / Hors des saisons comme une essence* » (53). Le poète s'imagine situé *là*, occupé à se souvenir de la Terre et mêlé à des espaces en mouvement qui, d'une certaine manière, viennent dénier toute fixité au *là*. Écrire pour le poète, serait donc veiller dans l'expansion de l'*ici*, en « *voyageur de l'avenir* » (*NA*, 12).

Dans le rêve de l'expansion de l'*ici*, le *là* parfois prend la dimension d'une totale fusion avec le Silence absolu. Il s'imagine comme une Terre lointaine « *où l'on perd son nom* » (*P*, 64), comme un espace sur lequel s'ouvrent « *les grilles de la nuit* » (*NA*, 11). Or, cette terre lointaine et cet espace se dessinent dans l'imaginaire du poète, en déplacements d'ombre et plus précisément en fuite d'ombre. Parmi toutes les « feuilles » du poète, il en est une sur laquelle rien ne se lit si ce n'est le silence : c'est la « *feuille d'ombre* » qui s'échappe et « *traîne sur le sol des portes* » de l'*ici* (*P*, 101). Parmi les icônes des poèmes, il en est une que le poète installe dans sa maison de l'*ici*; une icône parée d'un mouvement d'ombre qui, se mêlant à l'obscurité, va s'approfondissant indéfiniment (*NA*, 14).

Il semblerait que le passage de l'*ici* à *là* ne puisse s'imaginer qu'en termes d'ombre en fuite. N'est-ce pas ce que voudrait signifier l'image de la tourterelle du jardin — oiseau apprivoisé de l'*ici* — qui s'envole faisant évader avec elle l'ombre (*NA*, 15). N'est-ce pas ce qu'inscrit cette autre image associant la mort avec le pouvoir d'écrire, grâce à l'encre apportée par un ange, cette ligne : « *L'eau vive qui devient une ombre* » (35)?

Le lecteur ne s'étonnera donc pas de l'absence de toute image de route ou de chemin bien tracés dans le paysage de Schehadé qui, d'un poème à l'autre, s'affirme le lieu de la recherche d'un passage de l'*ici* à *là*, c'est-à-dire essentiellement d'une poursuite de l'ombre en fuite, de l'impossible repérage d'une trace de silence et de nuit. Or, le désir intense de voir s'esquisser un signe à *lire* dans le mouvement de l'ombre entre *ici* et *là*, sachant bien que *là* demeure un point insituable, se traduit par ce que nous aimerions appeler un « rêve d'écriture » : faire de cette ombre un « *nuage de grande transparence* » (*P*, 79).

C'est, nous semble-t-il, au tableau formé au creux d'un songe unique que nous avons considéré comme une épure du poème de Schehadé, qu'il faut revenir pour appréhender cette transparence. Elle s'y inscrit par le tracé de la fenêtre à l'*aurore* dans un ciel *noir, fuyant* ses étoiles; de plus, c'est en elle que se dessine une tête penchée de femme. Ainsi, la transparence s'écrit en relation avec une déchirure de clarté dans l'ombre fuyante, et avec une présence reflétée de l'Icône. Le fait de dire la transparence, de la composer en quelque sorte dans l'espace du poème, correspondrait au besoin de se convaincre de l'existence d'un salut; ce qui reviendrait à exprimer un appel vers une manifestation de l'Enfance éternelle. De ce point de vue, fort significative nous apparaît l'image de l'Icône aux yeux noirs baissés qui se manifeste en « *un enfant doré* » « *dans la transparence gazeuse et le ciel léger* » (*NA*, 26).

Le lecteur reprend alors son cheminement à travers les « feuilles » du poète. Découvrant combien il est concerné par cette recherche du passage de l'*ici* à *là*, il se surprendra à quêter dans le tissu du poème, pour les recueillir, des traces de transparence qui soudainement, furtivement apparaissent, ou plutôt se représentent en lui, au détour d'une image lue. Ce sera le sentiment d'une nudité de la profondeur qui brusquement s'imposera dans la rencontre avec certains *moments* du poème, tels ces vers :

> Comme moi et l'eau au fond de l'eau
> Sur un lac je me penche (*P*, 97)

ou le sentiment d'une nudité de la distance :

> Alors dans un pays lointain si proche par le chagrin de l'âme
> Pour rejoindre le pavot des paupières innocentes
> Les corps de la nuit deviennent la mer (*P*, 94)

À ce sentiment de nudité s'ajoute parfois celui d'être pris dans les jeux d'une réfraction indéfinie du réel, à travers un espace qui, nous dit le poète, est « *vide et plein comme un anneau* » (*NA*, 11) :

> Dans l'espace vide et plein comme un anneau
> Les grilles de la nuit s'ouvrent sur la mort et les songes
> Cette nuit dans la plaine il y a la Mésopotamie et ses [fenêtres
> (*NA*, 11)

Ainsi, sous-jacente à sa composition apparente, le poème de

Schehadé possède une structure profonde fondée sur la tension de l'*ici* vers *là*, sur le modelage d'images privilégiées c'est-à-dire directement « branchées » sur celles d'un songe unique — le songe du « nageur d'un seul amour » — qui fait exister un *nuage de grande transparence* dans lequel vient s'inscrire un signe :

> Ce soir nous avançons dans vos feuilles qui passent
> Près d'une cascade de triste folie
>
> Et voici dans un nuage de grande transparence
> L'étoile comme une étincelle de faim (*P*, 79)

Pour le lecteur sensibilisé aux dérives des « feuilles » de Schehadé, associer le nuage à la transparence, c'est doter cette dernière du pouvoir de faire apparaître des fables, de faire jouer le merveilleux. En effet, les quelques fois où, dans *Les Poésies*, le nuage est mentionné, c'est en tant que demeure où se meuvent des silhouettes qui pourraient être tirées d'un conte ; on pense à cette « *svelte amazone* » (*P*, 17), ou à « *la grande tristesse d'un cheval* » qui habitent le nuage (*NA*, 19). Et lorsque l'ombre en fuite entre *ici* et *là* se fait « *nuage de grande transparence* » (*P*, 79), c'est une étoile qui se donne à lire comme une « *étincelle de faim* ». Cette expression n'offrirait-elle pas une désignation métaphorique de l'image privilégiée que façonne le poète pour tenter le passage entre *ici* et *là* ? une image qui se voudrait clarté naissante et désir de posséder. Serait-ce donc à cette étoile « étrangère à la mort », attachée au destin d'« un enfant doré », que voudrait s'identifier l'image poétique hantée par le passage vers le Pays sans nom ?

Le rêve d'écriture dans lequel le lecteur s'enfonce de plus en plus, se poursuit.... Comment rejoindre par les pouvoirs de l'image, l'étoile sertie, oserait-on dire, dans la transparence ? ou mieux encore, comment faire que l'image *soit* cette étoile ? si ce n'est par la magie des mots qui se donnent l'illusion dc conquérir les distances, de « *courir de vastes étendues* » (p. 119[32]); des mots qui imaginent « *le seuil annulé* » (pour reprendre les termes mêmes de Lorand Gaspar) entre *ici* et *là* entre les « jardins » et le Pays sans nom; des mots qui se rêvent écrits sur la *transparence*, sous le regard d'« un enfant doré ».

Bien des images des *Poésies* expriment ou suggèrent la distance conquise, et répondent d'une certaine manière à ce souhait :

> Si les montagnes pouvaient toucher l'air
> [...]
> Tu marcherais sur la route du ciel (*P*, 14)

Elles disent la voix d'une réalité familière qui cherche à s'accorder « *aux grandes voix de l'air et du feuillage* » (*P*, 29). Elles donnent à l'habitation connue et rassurante, « *la parure de la mer* » (15). Parfois même, elles libèrent la fleur ou l'oiseau des « jardins » pour qu'ils racontent la distance et son silence, et tentent de les rendre proches. N'est-ce pas ce que l'on ressent à lire, à écouter des images telles que :

> [...] la fleur de la distance
> Égarée comme l'âge d'or (*P*, 48)

> Les arbres qui ne voyagent que par leur bruit
> Quand le silence est beau de mille oiseaux ensemble
> (*P*, 61)

De poème en poème se dessine une sorte d'enivrement de l'image obsédée d'une distance à conquérir, d'une transparence à déchiffrer, parce qu'elle *sait* que

> L'étoile reviendra sur le jardin détruit
> Pareille à la goutte d'eau des naissances (*P*, 75)

parce qu'elle reflète la foi en un passage de lumière entre ses « jardins » et le Pays sans nom.

parce que nous sommes sans nouvelles de l'étoile...

Dans le rêve d'écriture d'un passage des « jardins » au Pays sans nom, s'inscrit un poème offrant une sorte d'incantation à l'étoile « étrangère à la mort », ce même signe que l'imagination voyait se former dans le *nuage de grande transparence.* C'est une sorte de prière aux tonalités douloureuses, car sur cette étoile les mots du poète peuvent fabuler, mais n'ont en réalité aucune prise ; ils sont réduits à lancer un appel :

> Allumez-vous vivante sur les rivières
> [...]
> Et laissez-moi votre rosée et votre cendre (*P*, 35)

et à défaut de réponse, ils inventent des échos de leur prière, les diffusant dans l'espace des poèmes, en figures de *rosée* et de *cendre* de lumière.

La rose des « jardins » apparaissant à maintes reprises dans *Les Poésies*, s'est à vrai dire imposée à nous en tant que figure de la *rosée* de l'étoile. Il existe la parenté sémantique du latin *rosa* avec *ros* permettant de conférer à la rose le pouvoir de symboliser, à l'instar de la rosée, la régénération et l'initiation aux mystères (p. 823[39]). Mais ce n'est pas tant cette parenté qui a déterminé notre interprétation, que le fait d'avoir ressenti une sorte d'ambivalence quasi magique attachée à la rose des poèmes de Schehadé — une ambivalence qui précisément nous a semblé refléter celle de l'étoile telle qu'elle nous est apparue dans *Les Poésies* à la fois si familière et si étrangère, si apaisante et si angoissante, scintillant sur l'espérance et l'abîme.

Rencontrer la *rose* dans les poèmes reviendrait alors à lire l'expression d'une pensée de *là*, dans un apparent bien-être de l'*ici*, ou encore lire l'expression d'une beauté marquée par ce qu'il faudrait appeler le destin de l'*épars*. Avec la rose, le poète se veut saisir en une image, l'écho de l'étoile perdue qui, pénétrant la réalité quotidienne et familière, la fait divaguer, l'éparpille dans le rêve et, d'une certaine manière, signe sa disparition. N'est-il pas significatif qu'à l'image de la rose qui « *se chauffe à la lampe comme une sœur* » (*NA*, 11), viennent se juxtaposer celles du « *voilier à la tête de lion* » et des « *grandes rides blanches de la mer* ». Par ailleurs, il n'est certainement pas indifférent que le Je de l'écriture « *marche derrière les grands paradis* » (*P*, 25) ; et que ce soit, des roses qui ornent la chevelure de « *la jeune fille qui vient de la mer* » (28).

Les roses insérées dans des moments de l'*ici* où se fait plus pressant le souvenir, sont précisément celles qui enclosent le regard tourmenté d'un enfant sur lequel s'ouvrent *Les Poésies*. Une violence contenue de la Mémoire et de la Promesse, s'attache à cette « *rose au bord des yeux ô mirage* » (*P*, 33) ; à cette « *rue de rosiers* » que le Je du poème descend, en nous murmurant : « *Et je sens monter en moi un grand chagrin* » ; la sécheresse de ces arbustes est un pressentiment de la mort (34). Enfin, n'est-il pas particulièrement frappant que le poète, pour dire intensément le crépuscule d'une vie et le sentiment que se rapproche le seuil du Passage, reconvertisse le cliché « la terre, vallée de larmes », en « vallée de roses » ouvrant sur une étendue indéfinie touchée par une lumière qui ne serait autre que la *transparence* où se profile l'étoile « *comme une étincelle de faim* » (79) :

> Nous irons un jour enfants de la terre
> [...]
> Dans une vallée de roses réduite mais violente
> À travers les adieux du soleil
> Nous verrons la nuit et le jour se défendre
> Puis la lune comme une plaine sur la mer
> Ainsi nous allons à la découverte du ciel (*P*, 88)

Pour le lecteur attiré par le texte que composent les apparitions de la rose dans *Les Poésies*, il ne fait guère de doute que cette fleur en plus de jouer le rôle d'un motif poétique, entretienne une complicité plus secrète avec le Je du poème :

> Je parle d'une rose plus précieuse
> Que les rides du jardinier (*P*, 89)

S'agirait-il d'une rose « au bord des yeux tourmentés » de l'enfant que le poète porte en lui? ou de cette « *fleur de félicité* » (*P*, 29) à laquelle l'amie du poète dans son rêve rattache les origines du monde? La complicité profonde entre le Je et la rose paraît s'affirmer lorsque le pouvoir de cette dernière d'écrire un poème, nous est révélé (*NA*, 36). Au cœur d'un des poèmes du « nageur d'un seul amour », où les images se mettent en devoir de réveiller, par-delà la mort, la présence d'une femme, un vers fait saillie :

> Pour elle la rose écrit son poème

On se prend alors à imaginer la rose — sans doute « la rose précieuse » — créatrice de sens, traçant *sur le silence* un poème qui vient en quelque sorte coïncider avec celui que les mots du Je écrivent. N'y aurait-il pas dans cette coïncidence, l'expression du désir de retrouver l'étoile grâce aux sortilèges d'une parole nouvelle? N'oublions pas que la rose insérée dans les moments de l'*ici*, n'a rien de différent avec cette rose d'une *capitale fabuleuse* glissée dans la valise de M. Bob'le en partance pour l'ultime voyage (p. 15[55]); sa rose de l'*ici*, le poète l'imagine être également de *là* — rosée d'une étoile « étrangère à la mort » à retrouver....

« Laissez-moi votre rosée et votre cendre ». Il semblerait bien que pour le poète, dire par quelques effets recherchés de l'image, la présence de traces d'or dans la « terre » de son poème, ce soit imaginer recueillir cette *cendre*. Il s'agit en fait, d'un nombre très restreint d'images que le lecteur sensible à ce qu'on pourrait appeler la magie de l'étoile dans *Les Poésies*, ressent comme quelques reflets égarés de « l'enfant doré », ou quelques interférences du mirage de *là*.

Sur l'espace du souvenir se pose la *cendre* de l'étoile. Si, comme il nous a été donné de le lire, une « vallée de roses » offre un passage aux enfants de la terre en quête de l'étoile « étrangère à la mort », une « vallée d'or » se dessine, faisant mirage au sein du souvenir d'enfance. Elle s'imbrique dans un poème qui donne l'impression d'être tissé avec des franges de souvenirs « repeintes » en bribes de conte — de conte oriental devrait-on préciser — ; la « vallée d'or » s'y profile, marquant son rapport d'appartenance à un destin de pauvreté et de mort qu'elle viendrait racheter :

> Pauvre écolier et pauvres églises
> À la vallée d'or (*P*, 46)

Dans un autre poème également tissé avec des franges de souvenirs, des silhouettes familières se dessinent prises à la fois dans l'ombre et la luminosité d'un tracé d'or :

> Et l'on pouvait entrevoir
> Mes tantes agenouillées
> Dans une goutte d'or (*NA*, 38)

Le poète dote la réapparition qu'il crée d'une scène familière du passé, d'une note qui la sublime. La scène somme toute banale à laquelle le premier vers de ce poème pourrait servir de titre : « *Avant le sommeil* », fait soudainement *icône*, sans doute à cause de cette « goutte d'or » qui, pour le lecteur plongé dans « le livre d'images » de Schehadé, relie à l'étoile et fait rêver à une distance abolie entre *ici* et *là*.

La *cendre* de l'étoile, nous avons parfois le sentiment de la recueillir dans les jeux de ce phonème *or* qui se libère des mots *dormir* et *mort*, et trace une route sonore dans l'espace du poème. Il en est ainsi par exemple, d'un poème centré sur l'image de « *l'étoile des phalanges et des troupeaux* » (*P*, 48), dans l'espace duquel deux expressions du sommeil de l'étoile : *elle dort*, *qu'elle dorme*, se répètent traçant un chemin d'échos jusqu'au dernier mot du poème qui se détache comme un signe de l'éveil : *l'or*. On pense également à cet autre poème constituant l'image d'une anticipation de la mort (*NA*, 21), où précisément de ce mot *mort* la sonorité *or* va se répercuter à travers d'autres mots, sillonnant ainsi jusqu'au moment où elle se fera entendre seule, comme dernier mot du poème. Plus exactement, *or* sera le dernier mot d'une métaphore qui, s'inscrivant en un vers isolé, clôture l'espace du poème :

> Puis quatre cierges au souffle d'or (*NA*, 21)

« *quatre cierges au souffle d'or* » comme une respiration de lumière dans ce monde de la mort. Il se pourrait en effet que ce soit la véritable signification des jeux du phonème *or*, recueillant la *cendre* de l'étoile « étrangère à la mort ». De ce point de vue, combien éloquente nous apparaît l'image signant en quelque sorte le poème commencé en ces termes : « *Ce n'est pas des mots pour rien ce poème* », et qui dit cette respiration de lumière dans la mort :

> — Écoute à travers les ramures
> LE BRUIT DORÉ D'UN ARBRE QUI MEURT (*NA*, 41)

Il arrive que, non seulement associé mais profondément accordé à l'aventure du Je des *Poésies*, le lecteur prenne plus fortement conscience de ce qui définit en vérité la solitude de l'homme : être « sans nouvelles de l'étoile ». Il apprend alors du poète à quêter, voire même à créer dans la réalité de l'*ici*, la *rosée* et la *cendre* de l'étoile perdue qui disent le refus d'un destin de « *cendre ou rosiers* » (*P*, 74), de poussière ou de sécheresse[68], en un mot : de mort. Ce temps fort de la lecture permet au *nous* du poète de vivre sa véritable dimension — ce *nous* qui annonce :

> Nous voyagerons pour les halos
> Notre véritable origine (*P*, 22)

Il incombe alors au lecteur qui expérimente cet accord avec le poète, de prendre « la route des halos » sur laquelle le précède le Je de l'écriture des *Poésies.*

Il existe dans la composition des poèmes de Schehadé, une représentation iconique du halo par le tracé maintes fois répété du *Ô* vocatif. Lorsque, du fait du choix de la police typographique retenue pour l'édition citée, la graphie majuscule le présente dépourvu de son accent circonflexe — ce qui est le cas dans *Les Poésies* — la mise à nu du cercle, signe du halo, n'en est que plus frappante. Vue sa fréquence (il apparaît dans environ un poème sur quatre), ce *O* maintient la présence d'une voix et d'un dess(e)in de la prière et de l'étonnement. D'une certaine manière, il iconise la « rose » ou la « goutte d'or », en venant ratifier le mot ou l'image en mal de l'étoile dont « nous sommes sans nouvelles » devant lesquels il se dessine.

Entreprenant « la route des halos », on remarquera en tout premier lieu, la présence d'un « halo » nettement mis à part : un *Ô que sépare une virgule du reste du vers, un fait rare dans Les Poésies* où le tiret et les deux points constituent pratiquement la seule ponctuation. Ce *Ô* ainsi isolé perd de son pouvoir d'interpeller, d'invoquer, pour *signifier* seul, en lui-même, quelque chose d'autre :

> Ô, tant que durent les bergères
> Violettes dans les yeux du Christ (*P*, 98)

Et le vers connu de Rimbaud vient à l'esprit :

> Ô l'Oméga, rayon violet de Ses Yeux (p. 53[25])

Sans vouloir faire quelque rapprochement risqué, il nous semble que dans le *O* détaché, « halo » mis en évidence, s'inscrit un regard fasciné par ce qui va ne plus être et n'est pas encore, un regard que, peut-être, chaque « halo » qui se dessine dans l'espace du poème, enclôt secrètement.

Dans notre « route » de lecture des « halos », nous en rencontrons quelques-uns qui soulignent — ou mieux *auréolent* — un Merveilleux portant en lui un principe d'éloignement indéfini et d'évanescence. Ce sera l'invocation des pouvoirs du Divers, en appelant « *la mélodie de la pierre des îles* » (*P*, 15) — une mélodie perdue. Ce sera l'étonnement — tel que nous le définissions dans le premier chapitre de notre lecture de Schehadé — devant une « *poussière* » qui « *écrit des choses éternelles* » se dérobant à toute lecture ; une « poussière » qui tient aux êtres, « *Ô poussière savoureuse des hommes* » (61) — « *Ô poussière de jeune fille* » (39) — voués à faire retour au Silence.

Puis il y a ces autres « halos » d'un étonnement plus empreint de ferveur et de prière, car ils s'attachent à une figure de femme, à une icône familière. Peut-être sont-ils le rappel écrit du cercle de lumière qu'engendre une simple bougie qui ne cesse de brûler et de faire rêver, devant l'Icône d'une demeure qui se souvient et espère.... C'est le « halo » de la Promesse que rend présente la « jeune fille soleil », recueillie dans le souvenir d'un pays — « *Ô toi qui gardes souvenir d'un pays* » (*P*, 72) —, pays d'ombre et de feu — « *Ô forêt d'acajou* » — dont elle seule posséderait le secret. Mais c'est aussi le « halo » de la Douleur — « *Ô bien-aimée pleine de pleurs* » —, de la femme d'un calvaire rencontrée dans les églises (34). Et c'est enfin le « halo » de la Beauté qui vient d'ailleurs, que l'*ici* n'a pas le pouvoir de s'approprier — « *Ô belle comme la caresse des platanes* » — « *Ô Femme du ciel* » (*NA*, 26).

Au fur et à mesure que nous avançons, le « halo » apposé à une figure ou à une image crépusculaire va s'imposer par sa fréquence. Il ne marquera pas tant la prière et l'étonnement, qu'une exaltation de la Mémoire comprise comme la *pensée* qui demeure et nie la mort. Il auréolera cette Mémoire inviolable qui veille dans le Silence, et dans laquelle le souvenir le plus ténu trouve son accomplissement. Aussi n'y aura-t-il rien d'étonnant à ce que vienne s'associer à ce « halo », l'impératif de *se rappeler* :

> — Ô branches tordues comme nos corps
> Rappelle-toi (*P*, 24)
>
> Et rappelle-toi ce qui faisait ici-bas
> Le charme
> [...]
> Ô mémoire de la vie (*P*, 66)

D'ailleurs n'est-il pas significatif que ce *O* que nous aimerions nommé « le halo de la Mémoire », accompagne par trois fois dans un même poème, la figure de la colombe? On pense à la colombe des vases funéraires buvant à la source de mémoire, d'autant plus que ce poème se structure sur trois mouvements d'écriture commandés par des expressions qui marquent un retour à la source du souvenir, par-delà la mort. Écoutons le premier mouvement au centre duquel vient s'écrire le « halo de la Mémoire » :

> Nous reviendrons corps de cendre ou rosier
> Avec l'œil cet animal charmant
> Ô colombe
> Près des puits de bronze où de lointains
> Soleils sont couchés (*P*, 74)

N'est-il pas également significatif le *O* venant souligner, ou si l'on préfère éclairer, la saison de l'automne qui, dans *Les Poésies*, se présente marquée du signe du souvenir — « *soleil violet du temps passé* » (*NA*, 33) —, aussi bien que de celui du vent libérateur, porteur de beautés, de promesses[41]. Le « halo » fait ressortir l'image qui esquisse, pourrait-on dire, un tracé d'espérance, dans une « étrange mélancolie » :

> Ô saison les puits n'ont pas encore déserté votre grâce
> (*P*, 79)

À plusieurs reprises, l'expression « *Ô mon amour* » s'inscrit dans l'espace des poèmes. Prise dans cette écriture des « halos » ou, pour reprendre les termes du poète, dans ce « voyage pour les halos », elle perd sa banalité. Le *O* accentuant une relation profonde à la femme compagne du Je de l'écriture, fait de cette expression le signe d'un regard fasciné par le Seuil inexorable, hanté par la fin de toutes choses. « *Ô mon amour* » ouvre ou ferme des strophes dans lesquelles l'image dit tantôt la mort, tantôt une re-naissance espérée. Apprenons à capter ce regard dans des vers sensibilisés par le « halo », tels que :

> Ô mon amour il n'est rien que nous aimons
> Qui ne fuie comme l'ombre
> [...]
> Comme cette pente de cyprès où sommeillent
> Des enfants de fer bleus et morts (*P*, 64)

> Si tu es belle comme les Mages de mon pays
> Ô mon amour tu n'iras pas pleurer
> [...]
> — Pour nous la mort est une fleur de la pensée (*P*, 71)

La route des « halos » passe par deux poèmes où l'inscription du *O* répétée fait particulièrement saillie, témoignant plus intensément d'un élan de prière et d'étonnement. Le « halo » s'attache à des éléments — il faudrait dire des *révélations* — sur lesquels se fonde la création poétique de Schehadé; il en éclaire les pierres d'angle : la Lumière, l'Enfance. Ce « halo » de l'écriture enchâsse pour ainsi dire la poésie à faire exister, dans une folie d'enfance et de lumière, dans une « capitale fabuleuse » :

> Ô soleil Ô lune
> Ô poésie de mon enfantement
> Les comètes annonçaient les présages des grappes (*P*, 44)
>
> Tant de magie pour rien
> Si ce n'était ce souvenir d'un autre monde
> [...]
> Ô mon enfance ô ma folie (*P*, 65)

C'est peut-être dans une interrogation prolongeant, en le doublant, un vers du « Nageur d'un seul amour », que se laisse deviner la destination ou la vérité profonde de cette poésie :

> Maintenant que la lune est morte où êtes-vous merveilleuses pensées
> Amour aux dents de dragées
> Enfance qui pleure sur mes joues (*NA*, 13)

Où... quête du passage vers un lieu qui engendre de « merveilleuses pensées ». *Où* dont la graphie met en évidence au cœur du vers, le « halo » d'une écriture qui voudrait daller avec ses images un chemin entre *ici* et *là*; qui voudrait forcer le seuil d'une « capitale fabuleuse » où scintille « l'étoile étrangère à la mort » :

> Nous voyagerons pour les halos
> NOTRE VÉRITABLE ORIGINE (*P*, 22)

Nous voyagerons... nous écrirons/nous lirons, modelant, tirant du Souvenir et du Rêve des substituts à l'étoile qui brille sur un Pays sans nom, et dont « nous sommes sans nouvelles »; à l'étoile qui brille sur le lieu *sans lieu* de notre véritable origine, de notre véritable fin....

« *On n'écrit pas l'histoire d'un rêve, on s'en éveille* » (p. 132[69])

DANS « Chronique fabuleuse », André Dhôtel nous dépeint le site qui se dessine dans une ouverture, entre les piliers d'un viaduc, où il semblerait que l'ombre ait été chassée par un *indéfinissable étincellement* qui se manifeste *comme devant une porte.* L'auteur-narrateur interprète ce site en le comparant à une sorte d'*entrée* que construisent parfois les architectes japonais ; il s'agit d'une arcade qui ne donne accès qu'à un temple imaginaire, mais qui permet que la lumière du jour apparaisse par instant dans une beauté marquant « *une insensible rupture avec notre monde* » (p. 6[17]).

Ce site choisi pour une « chronique fabuleuse » avec l'interprétation qui nous est donnée, peut être considéré comme une métaphorisation de la structure d'un texte en quête du Pays sans nom. En effet, le roman de Dhôtel, le conte de Supervielle, le poème de Schehadé ne construisent-ils pas, chacun dans une originalité qui lui est propre, un « viaduc » sur un abîme, en enracinant les « piliers » dans le sol du quotidien, du familier? N'est-ce pas l'inscription d'instants de rupture avec notre monde, dans la réalité même, qui étaye la composition et le développement de telles œuvres? des instants où joue le mirage d'un passage, d'une *entrée*, d'une relation à un ordre autre.

Tout au long de son cheminement de lecture, le regard du lecteur sur le texte qu'il intériorise, c'est-à-dire qu'il recrée en lui, s'est trouvé par la force d'impact des *instants* de rupture, régulièrement ré-orienté vers l'« arcade » donnant accès à un *temple imaginaire*. Or, qu'est-ce à dire un *temple imaginaire*, sinon le champ d'ouverture d'un songe unique au sein duquel se forme une qualité d'écriture tentée par la construction soit de l'*éclat* et du *surgir*, soit du *trait d'union* de lumière ou de l'*étoile* « étrangère à la mort ». Le narrateur et avec lui le lecteur se trouvent d'une certaine manière, entraînés par les mouvements du récit ou du poème, à se situer *comme devant une porte*, un seuil essentiel pour lequel le poète s'efforce désespérément à se faire « voleur de clé » oserait-on dire. La clé, ce serait précisément le *Nom* perdu d'un « pays de nul chemin », d'une plage d'extrême solitude, de *là*... tel le *Nom secret* dont Henri Bosco poète se savait ou se voulait mystérieusement dépositaire, mais un *Nom* dont il ne pouvait circonscrire, par les mots du poème, que le silence :

Le plus simple de tous dont le sens ineffable
N'offre pas même un Nombre à lier son esprit
Jusqu'à la fin des temps où le monde est inscrit
Ce ne sera qu'un trait enfoui dans les sables[70]

Il faut ces écritures prises et modelées dans l'ombre grandissante d'un Pays sans nom, pour que le lecteur se sente dépouillé de ses trop courtes certitudes, et pour qu'il éprouve en lui, de par sa lecture, le réveil inquiétant de mots qui sortent soudain de leur abstraction, qui semblent se détacher en gros plan de l'histoire contée ou du poème; des mots qui disent le sacré, la finitude de l'homme. Il faut ces pages à lire qui se mettent à jouer dans l'imagination du lecteur comme le palimpseste de l'histoire d'un Pays sans nom; ces pages où raconter est synonyme de suggérer, pour que l'anticipation de la mort se traduise en saisie d'éternité, en ouverture sur une Enfance éternelle, au cœur même d'une réalité dont l'opacité soudain s'érode « respire », espère... « *C'est ainsi qu'en passant* S'OUVRENT *les jours* »[71].

C'est ainsi que le roman de Dhôtel, le conte de Supervielle, ou le poème de Schehadé entraîne le lecteur qui accepte d'être *concerné*, dans un voyage derrière les apparences et le temps qui procède d'une simple manière de *voir* dans le quotidien, dans le souvenir souvent le plus fugitif, le poids et même parfois la violence du sacré. De telles œuvres où se tissent jouissances et angoisses de *ce qui est*, ne cessent de dire que l'homme ne se suffit pas à lui-même et, comme le remarquait Jean Grenier, « *qu'il vaut mieux le reconnaître pour aller plus loin et chercher ailleurs le plein qui correspond à ce vide* »[72].

On ressent d'ailleurs, dans ces textes où poésie et mystique se rejoignent, ce que l'on pourrait appeler « une atmosphère » des *îles* imaginaires de Jean Grenier : certaines arides, désolées, situées en dehors de toute ligne de navigation; d'autres qui ne sont que « surprises » de lumière. On entre effectivement dans « l'atmosphère » d'un voyage qui pousse au recueillement et à l'élargissement de soi; voyage d'écriture / de lecture rythmé par des tentatives de dire des expériences du vide comme de la plénitude, aussi intenses que fugaces, qui sont des temps forts où l'on a le sentiment d'avoir *gagné* (p. 92[69]) à cause de l'absolu d'un instant passé au « centre des choses ».

Dans le roman de Dhôtel, dans le conte de Supervielle ou dans le poème de Schehadé, résonne la question qu'Albert Camus voyait s'inscrire dans *Les Îles* : « *L'animal jouit et meurt, l'homme s'émerveille et meurt, où est le port ?* » (p. 11[73]) où est le Pays sans nom? serait-il une réalité *terrestre* qui échappe, comme se le demandait parfois Alain-Fournier? Mais pour ces poètes du Pays sans nom, *terrestre* est un terme qui dérive, qui perd son *sens* dans la mesure où il implique le lieu où se situe la jointure, l'endroit d'un passage essentiel; mais également dans la mesure où il fait signe à une effraction tentée du mystère de la Mort. Pour ces poètes qui croient au tragique quotidien et infime — « *Qui plus que moi croit au tragique d'âme, quotidien, infime* », écrivait Alain-Fournier au petit B. (p. 149[6]) ; pour ces poètes qui ressentent intensément l'ordre de la confusion sous-tendant le *terrestre*, leur art n'est que tension vers un « pays de vertige » que l'on pressent en écartant « le feuillage profond » du familier, du quotidien. Et cette tension en définitive, permettrait que se trace en diverses versions et représentations, l'image que le poète porte en lui, de la genèse d'une écriture impossible aux prises avec la Mort.

Nos études de Dhôtel, Supervielle et Schehadé ont été autant de cheminements dans l'ombre d'un Pays sans nom ; des « errances » devrait-on dire, qui ne pouvaient prétendre, à aucun moment, cerner en vérité ce Pays, mais seulement le pressentir au détour des mots et des images. Aussi aimerait-on laisser s'achever ces lectures de « chroniques fabuleuses », sur une dernière et très courte lecture : celle du dialogue entre le narrateur et l'homme qui vient de lui faire découvrir le « viaduc » et son « indéfinissable étincellement » *comme devant une porte* :

> Je vous suis reconnaissant, ai-je prononcé, de m'avoir fait connaître cette lumière. Puis-je vous demander...
> — Il est inutile que vous me demandiez quoi que ce soit (p. 6[17])

Ne serait-ce pas les seules paroles que puissent, en fait, échanger à la fin du voyage qu'ils viennent de faire ensemble, le poète et le lecteur d'un Pays sans nom ?

1. R.M. RILKE, *Lettres à un jeune poète* (Paris, Grasset, 1937).

2. *Correspondance Alain-Fournier–Jacques Rivière*, t. I (Paris, Gallimard, 1926).

3. Peinture à l'huile datée de 1898 (Paris, Musée du Jeu de Paume).

4. Victor SEGALEN, *Notes sur l'exotisme* (Paris, Mercure de France, 1955).

5. *Correspondance Alain-Fournier–Jacques Rivière*, t. II (Paris, Gallimard, 1926).

6. ALAIN-FOURNIER, *Lettres au petit B.* (Paris, Fayard, 1930).

7. Le Pays sans nom qu'il voulait faire surgir directement, remarque J.M. Delettrez, « *s'étiolait car, selon l'expression de Jacques Rivière,* " *c'était l'impossible à force d'extension et de fragilité* " » (*Au pays d'Alain-Fournier* [Viroflay, Presses de l'Association Alain-Fournier — Jacques Rivière, 1979]).

8. ALAIN-FOURNIER, *Le Grand Meaulnes* (Paris, Fayard, 1983).

9. Cf. l'interview d'André Dhôtel par Marcel Bisiaux : « À buissons rompus avec André Dhôtel » (*La Quinzaine littéraire*, n° 426, 1984).

10. Jules SUPERVIELLE, *Gravitations* précédé de *Débarcadères* (Paris, Gallimard, « Poésie », 1966).

11. « *L'Orient est celui du cœur et de l'imaginaire ; le jardin est plus ancien, mieux préservé que les autres* [...]. » (Préface au recueil des *Poésies* [Paris, Gallimard, 1969]).

12. Le roman s'achève sur ces lignes : « *À la fois toutes les chances et aucune chance sur ces routes vides ! Mais lui-même était ébloui par les yeux d'Edmée, et il ne s'en rendait pas compte.* ».

13. Paul VALÉRY, *Cahiers*, I (Paris, Gallimard, « Bibl. de la Pléiade », 1973).

14. André DHÔTEL, « Regard sur la lande », *N.R.F.*, n° 401, 1986.

15. André DHÔTEL, « La Grande allée », *N.R.F.*, n° 376, 1984.

16. André DHÔTEL, « La Route », *N.R.F.*, n° 392, 1985.

17. André DHÔTEL, « Chronique fabuleuse », *N.R.F.*, n° 294, 1977.

18. André DHÔTEL, « Littérature sauvage », *N.R.F.*, n° 289, 1977.

19. Henri BOSCO, *Sites et mirages* (Paris, Gallimard, 1951), p. 161.

20. *Roland Barthes par Roland Barthes* (Paris, Seuil, 1975), p. 155.

21. André DHÔTEL, « Rimbaldiana », *N.R.F.*, n° 352, 1982.

22. Gaston BACHELARD, *Poétique de la rêverie* (Paris, Seuil, 1974), p. 3.

23. Julien GRACQ, *Le Rivage des Syrtes* (Paris, Corti, 1951), p. 51.

24. Expression empruntée à Julien Gracq (« La Route », *La Presqu'île* [Paris, Corti, 1970]).

25. Arthur RIMBAUD, *Œuvres complètes* (Paris, Gallimard, « Bibl. de la Pléiade », 1972).

26. Adaptation de la phrase de « *Aube* » : « *En haut de la route, près d'un bois*

de lauriers, je l'ai entourée avec mes voiles amassés [...]. » (p. 140[25]).

27. C'est la dernière ligne de « *Aube* » qui se détache, seule, du blanc poétique, comme pour signer l'*Illumination*.

28. André DHÔTEL, *Le Ciel du faubourg* (Paris, Grasset, 1956).

29. André DHÔTEL, *Lorsque tu reviendras* (Paris, Phebus, 1986).

30. Victor SEGALEN, *Imaginaires* (Mortemart, Rougerie, 1981), p. 116.

31. Interview de Yves Bonnefoy par Pierre Boncenne (*Lire*, n° 140, mai 1987, p. 26).

32. Lorand GASPAR, *Sol absolu* (Paris, Gallimard, « Poésie », 1982).

33. Ch. SÉNÉCHAL, *Supervielle poète de l'univers intérieur* (Paris, Presses du Hibou, 1939), p. 67.

34. Voir *supra*, p. 26.

35. Jules SUPERVIELLE, *Le Forçat innocent* (Paris, Gallimard, « Poésie », 1934).

36. Jules SUPERVIELLE, *Oublieuse mémoire* (Paris, Gallimard, « Métamorphoses XXXVII », 1949).

37. Lorand GASPAR, *Approche de la parole* (Paris, Gallimard, « Poésie », 1982), pp. 30-1.

38. Henri BOSCO, *Une Ombre* (Paris, Gallimard, 1978), p. 221.

39. *Dictionnaire des symboles* (Paris, Laffont, 1982).

40. On notera l'importance du *gris*, couleur évasive. Rappelons que le ruban entourant la gorge de la jeune fille à la voix de violon, est gris (*JV*, 121).

41. Michel MANSUY, *Études sur l'imagination de la vie* (Paris, Corti, 1970).

42. Julien GRACQ, *André Breton* (Paris, Corti, 1977).

43. Le Grand Mouillé apparaît comme un nouveau Poséidon organisant l'envers de la Terre, ou mieux l'envers de la Mort.

44. C'est précisément le titre du recueil de poèmes que Supervielle dédia à Marcel Arland, où des premiers poèmes on relève ces vers : « *Mémoire, sœur obscure et que je vois de face / Autant que le permet une image qui passe* » (p. 14[36]).

45. « Hommage à Supervielle », *N.R.F.*, n° 94, 1960.

46. Cf. *L'Extase matérielle* de J.M.G. Le Clézio (Paris, Gallimard, « Idées », 1971), p. 279.

47. Cf. le conte de Voltaire intitulé *Candide*.

48. On osera pousser un peu plus loin l'interprétation en remarquant qu'il s'agit de huit traits d'union, le nombre de l'équilibre cosmique qui a également valeur de médiation entre le carré et le cercle, entre la Terre et le Ciel, et pourrait avoir un rapport avec un monde intermédiaire (cf. p. 511-2[39]).

49. Jules SUPERVIELLE, *L'Homme de la Pampa* (Paris, Gallimard, « L'Imaginaire », 1983), p. 12.

50. Joë BOUSQUET, *Traduit du silence* (Paris, Gallimard, 1941), p. 210.

51. Voir *supra*, p. 67.

52. Victor SEGALEN, *Équipée* (Paris, Gallimard, « L'Imaginaire », 1983), pp. 118 sqq..

53. Paul VALÉRY, *Œuvres*, II (Paris, Gallimard, « Bibl. de la Pléiade », 1960), pp. 513-4.

54. Cité par René VIVIER, *Lire Supervielle* (Paris, Corti, 1971), p. 40.
55. G. SCHEHADÉ, *Monsieur Bob'le* (Paris, Gallimard, 1951).
56. C'est l'image d'un lieu récurrent dans *Les Poésies*, « *lieu dans lequel s'enracinent ses poèmes* », notait J.-P. Richard dans *Onze études sur la poésie moderne* (Paris, Seuil, 1964), p. 141.
57. Ces charmes de la nature toujours vivement ressentis par les auteurs libanais (cf. *Anthologie de la littérature arabe contemporaine* [Paris, Seuil, 1964], p. 73).
58. Gabriel GERMAIN, *Poésie corps et âme* (Paris, Seuil, 1973).
59. René CHAR, *Œuvres complètes* (Paris, Gallimard, « Bibl. de la Pléiade », 1983), pp. 372-3. On ne manquera pas de remarquer que Schehadé a regroupé une quinzaine de poèmes sous le titre « Si tu rencontres un ramier ».
60. Paul CLAUDEL, *Œuvre poétique* (Paris, Gallimard, « Bibl. de la Pléiade », 1967).
61. SAINT-JOHN PERSE, *Œuvres* (Paris, Gallimard, « Bibl. de la Pléiade », 1972).
62. Paul VALÉRY, *Œuvres*, I (Paris, Gallimard, « Bibl. de la Pléiade », 1957), p. 1317.
63. Paul Claudel écrit dans « Connaissance du temps III » : « *Le Temps est l'invitation à mourir, à cette phrase de se décomposer dans l'accord explicatif et total, de consommer la parole d'adoration à l'oreille de Sigé l'Abîme* » (p. 145[60]).
64. Gabriel GERMAIN, *Chants du souvenir et de l'attente* (Mortemart, Rougerie, 1976), p. 96.
65. Jean MONNEROT, *La Poésie et le sacré* (cité par GERMAIN, p. 314[58]).
66. Entretiens de Louis Foucher avec Jean Grenier, cités par Jabès dans *Le Livre des marges* (Montpellier, Fata Morgana, « Biblio/essais », 1984), p. 193.
67. Rappelons qu'un des poèmes de la partie des *Poésies* intitulée « Si tu rencontres un ramier », est dédié à Saint-John Perse, « *Poète de la neige et du sablier / Quand ce qui est blanc est l'honneur de la mort* » (*P*, 100).
68. Dans *Les Poésies*, le corps du rosier est symbole de dessèchement : « *Vos mains sont sèches come les rosiers* » (*P*, 34).
69. MUKERJI, *Brahmane et Paria*, cité par Jean Grenier (*op. cit.*, n. 73).
70. Henri BOSCO, « Le Nom secret », *Guilde du livre*, n° 3, 1964.
71. Nous reprenons ici les derniers mots de *Histoire d'un fonctionnaire*.
72. Jean GRENIER, « La Nuit à la Medina », *Aguedal*, n° 4, 1937, p. 282.
73. Jean GRENIER, *Les Îles* (Paris, Gallimard, « Imaginaire », 1977).

TABLE

exemplaire conforme au Dépôt légal de mars 1989
bonne fin de production en France
Minard 73 rue du Cardinal-Lemoine 75005 Paris